4주 완성 어휘력 · 독해력 · 사고력 · 표현력 향상 프로그램

전래동화로
한번에
키우기

1A
초등 저학년

책장속
BOOKS

어휘력 · 독해력 · 사고력 · 표현력 향상 프로그램
(전래동화로) 한 번에 키우기 1A

초판 5쇄 발행 2023년 1월 19일

집   필 신효원
펴낸이 신호정
펴낸곳 책장속북스
신고번호 제 2020-000111호
주소 서울시 송파구 양재대로 71길 16-28 원당빌딩 4층
대표전화 02)2088-2887 ㅣ 팩스 02)6008-9050
인스타그램 @langlab_kiz ㅣ 블로그 blog.naver.com/langlab_kiz
이메일 chaeg_jang@naver.com

기 획 & 개 발 어린이언어연구소
편 집 전유림 ㅣ 웹마케팅 백혜연
삽 화 젤리피쉬 ㅣ 디자인 이지숙

베타테스터 김민준(7), 김사랑(7), 낫제스 미아(7), 양서우(7), 정유나(7), 정유준(7), 김건우(8), 김민지(8), 박하윤(8), 박현후(8),
윤은솔(8), 이세연(8), 이윤서(8), 조은채(8), 박다윤(9), 배태훈(9), 신지율(9), 신지환(9), 여수빈(9), 임한율(9)

ISBN 979-11-972489-1-7
SET 979-11-972489-0-0

머리말

아이의 공부머리를 한 번에 키워주세요!

흔히들 어휘력이 좋으면 독해력이 좋아진다고 합니다. 아이가 글을 읽고 이해를 못 하는 까닭은 '어휘력이 부족해서'라고 생각합니다. 그래서 학교 공부가 시작되면 아이들에게 무작정 어휘의 사전적 의미를 기억하게 하고 아무런 맥락 없이 어휘 문제를 풀게 합니다.

오해하기 쉽지만, 어휘력은 '알고 있는 단어가 얼마나 많은가?'만으로 평가되는 영역이 아닙니다. 어휘력에는 '문맥을 통해서 모르는 단어의 의미를 얼마나 정확히 유추할 수 있느냐?', '알고 있는 어휘를 얼마나 적절하게 사용하느냐?'의 능력도 포함되기 때문입니다.

국어 능력의 핵심은 글의 맥락을 파악하여 내용과 어휘를 유추할 수 있고 자기 생각을 표현할 줄 아는 데에 있습니다. 따라서 글을 읽기 전에 자신의 배경지식을 끌어와 생각해 보고, 글을 읽으며 내용과 어휘를 추측해 보고, 알게 된 어휘를 연습해 보는 이 세 가지의 과정이 밀접한 관계를 맺으며 제공될 때 우리 아이들의 국어 능력이 확장됩니다.

한키는 아이들에게 이 모든 과정을 훈련시키기 위해 만들어진 책입니다. 이 책은 얼핏 보면 쉬워 보이지만 생각 없이는 풀 수 없는 문제들로 구성되어 있습니다. 생각해야 풀 수 있지만 그렇다고 지루하지 않습니다. 아이들이 글을 읽고, 문제를 해결해 나가는 동안 읽기 훈련과 국어 공부를 자연스럽고도 즐겁게 할 수 있는 학습 장치가 곳곳에 숨겨져 있기 때문입니다.

국어 능력은 '생각'이라는 밑거름을 바탕으로 글의 이해와 유추, 표현의 과정이 유기적으로 이루어져야 향상됩니다. **한키**를 통해 아이들이 우리말로 생각하고 추측하고 우리말을 자유자재로 사용해 볼 수 있게 되기를 바랍니다. 우리 아이들의 국어 능력이 건강하게 커나갈 수 있기를 바랍니다.

2020년 12월
저자 신효원

저자 소개
어린이언어연구소 소장
이화여자대학교 국어국문학
이화여자대학교 국제대학원 한국학 석사
이화여자대학교 국제대학원 한국학 박사 수료

〈한 번에 키우기〉의 특징

Q 혹시 우리 아이가 이렇지는 않나요?

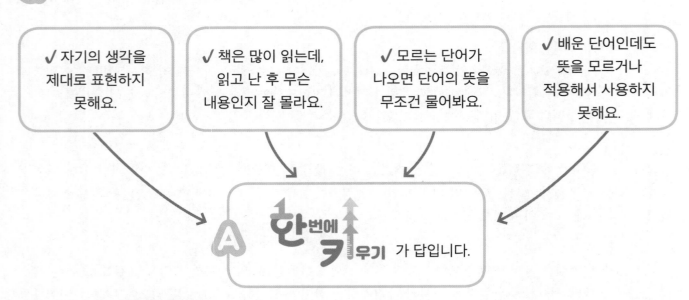

✓ 자기의 생각을 제대로 표현하지 못해요.

✓ 책은 많이 읽는데, 읽고 난 후 무슨 내용인지 잘 몰라요.

✓ 모르는 단어가 나오면 단어의 뜻을 무조건 물어봐요.

✓ 배운 단어인데도 뜻을 모르거나 적용해서 사용하지 못해요.

A 한 번에 키우기 가 답입니다.

〈한 번에 키우기〉만의 강점!

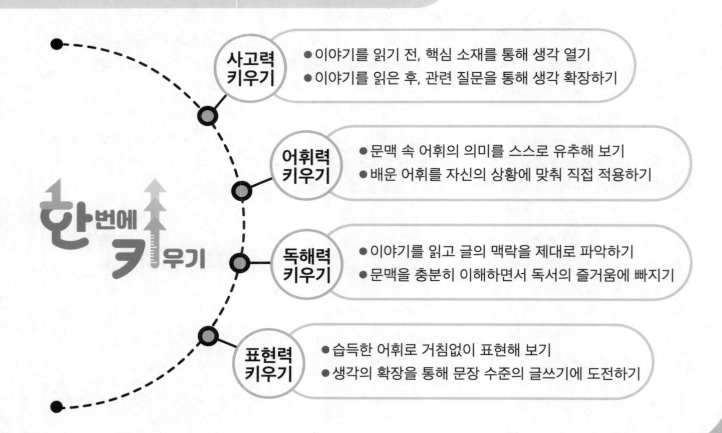

사고력 키우기
- 이야기를 읽기 전, 핵심 소재를 통해 생각 열기
- 이야기를 읽은 후, 관련 질문을 통해 생각 확장하기

어휘력 키우기
- 문맥 속 어휘의 의미를 스스로 유추해 보기
- 배운 어휘를 자신의 상황에 맞춰 직접 적용하기

독해력 키우기
- 이야기를 읽고 글의 맥락을 제대로 파악하기
- 문맥을 충분히 이해하면서 독서의 즐거움에 빠지기

표현력 키우기
- 습득한 어휘로 거침없이 표현해 보기
- 생각의 확장을 통해 문장 수준의 글쓰기에 도전하기

1. 어휘 공부의 시작을 아이들에게 친근한 '동화'로

모든 학습의 시작은 '흥미'와 '재미'입니다. 〈한키 시리즈 1단계〉에는 아이들이 좋아하는 전래동화와 이솝우화가 지문으로 실려 있습니다. 아이들은 친근하고 익숙한 이야기를 통해 처음 접하는 어휘의 의미도 쉽게 습득할 수 있게 되면서 어휘 학습에 관심과 흥미를 가지게 됩니다.

2. '암기'가 아닌 '유추'로 어휘를 습득

암기를 통해 습득한 어휘는 쉽게 휘발되며, 다양한 확장 개념을 응용하는 데에 한계를 가집니다. 〈한 번에 키우기〉는 이야기의 '맥락'을 통해 어휘의 의미를 끊임없이 유추하게 합니다. 생소하고 어려운 어휘가 나오더라도, 앞뒤 문장을 참고해 되돌아보면서 어휘의 의미와 확장 개념을 알아가는 힘을 키울 수 있게 됩니다.

3. '초등 필수 어휘'를 곳곳에 담아 재구성한 지문

전래동화 · 이솝우화를 아이들의 눈높이에 맞게 재구성하였으며, 이야기의 일부가 아닌 전체를 지문으로 실어 아이들이 한 편의 동화를 다 읽을 수 있도록 했습니다. 또한 일상에서 쓰이는 관용어, 한자어, 속담, 의성어 및 의태어 등의 초등 필수 어휘들을 지문에 적절히 배치하여 자연스럽게 초등 필수 어휘를 익힐 수 있습니다.

4. 유형별 4단계 학습을 통한 통합 학습

〈한 번에 키우기〉는 하루 4쪽 분량으로 ①생각하며 준비하기(사고력 키우기) ②추측하며 읽어보기(독해력 키우기) ③추측한 어휘 확인하기(어휘력 키우기) ④생각대로 표현하기(표현력 키우기)의 유형별 4단계 학습으로 구성됐습니다. 아이들은 매일 4단계 학습을 반복하며 스스로 어휘를 유추하고 문장의 맥락을 파악하며 그 뜻을 이해할 수 있는 사고력을 키우게 됩니다. 이 과정에서 독해력 또한 향상됩니다.

5. 거침없이 표현하는 '글쓰기' 의 즐거움 경험

〈한 번에 키우기〉는 어휘와 관련된 생활 속 질문을 통해 습득한 어휘와 관련된 경험을 되살려 보고 스스로 생각해 보는 장을 펼쳐줍니다. 정해진 답이 없는 질문을 던짐으로써 어휘를 활용한 아이의 자유롭고 창의적인 답변을 유도합니다. 이 과정에서 아이는 어휘의 기본 개념과 그 외 다양한 쓰임새를 응용할 줄 알게 될 뿐 아니라, 무한한 사고의 확장을 경험하게 됩니다. 이런 경험은 '글쓰기'의 즐거움으로 이어져 문장 수준의 글쓰기를 능숙하게 할 수 있는 발판이 되어 줄 것입니다.

〈한 번에 키우기〉의 구성 & 활용법

- 전래동화로 〈한 번에 키우기 1A〉는 총 8편의 전래동화 전문을 지문에 담았습니다.
- 아이들은 한 주차(5일 분량)마다 2편의 이야기를 읽고 관련 문제 및 복습 문제를 풀어보는 시간을 가집니다.
- 학습 과정은 총 4주(20일 분량)에 걸쳐 완료됩니다.

어휘 미리보기

이야기에 등장하는 초등 필수 어휘를 한눈에 살펴봅니다.

＊학부모 Tip
어휘의 뜻을 미리 알려주지 마세요.
가볍게 훑으며 새로운 어휘에 흥미를 가지게 하는 게 포인트!

4단계 유형별 학습

① 생각하며 준비하기

  사고력 키우기

이야기를 읽기 전, 그림을 통해 등장인물이나 주요 단어를 미리 접하며 내용을 자유롭게 추측합니다.

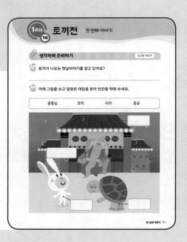

이야기 곳곳에 빨간 글씨로 표시된 필수 어휘들이 있어요.
읽으면서 뜻을 유추해 보아요!

② 추측하며 읽어보기

  독해력 키우기

초등 필수 어휘가 담긴 전래동화 전문을 읽은 후 O, X 문제를 통해 글의 맥락을 제대로 파악했는지 확인합니다.

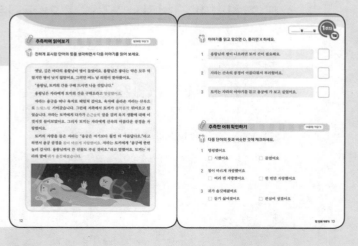

❸ 추측한 어휘 확인하기

 어휘력 키우기

사전적 정의부터 암기하지 않고, 비슷한 의미나 어울리는 말을 찾아 보며 어휘의 의미를 스스로 유추하는 힘을 기릅니다.

어휘의 뜻을 유추하는 데에 주저함이 없어지고 자신감이 생깁니다.

비슷한 의미 찾아 고르기

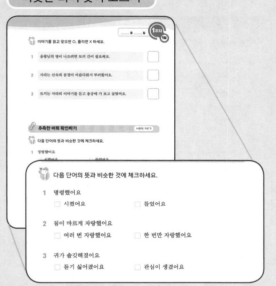

다음 단어의 뜻과 비슷한 것에 체크하세요.

1 명령했어요
   ☐ 시켰어요   ☐ 들었어요

2 침이 마르게 자랑했어요
   ☐ 여러 번 자랑했어요   ☐ 한 번만 자랑했어요

3 귀가 솔깃해졌어요
   ☐ 듣기 싫어졌어요   ☐ 관심이 생겼어요

어울리는 단어끼리 연결하기

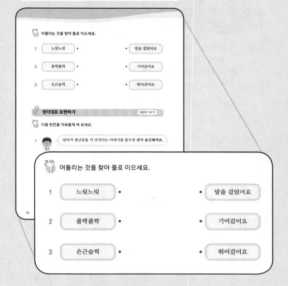

어울리는 것을 찾아 줄로 이으세요.

1 느릿느릿 •   • 말을 걸었어요

2 폴짝폴짝 •   • 기어갔어요

3 은근슬쩍 •   • 뛰어갔어요

❹ 생각대로 표현하기

 표현력 키우기

필수 어휘를 사용해 문장을 자유롭게 만들어 봅니다. 이 과정에서 사고력이 확장됨과 동시에 글쓰기 능력이 향상됩니다.

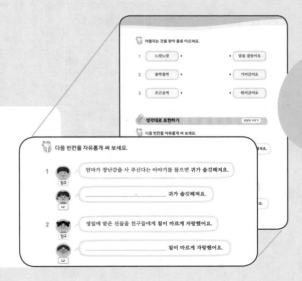

다음 빈칸을 자유롭게 써 보세요.

1 엄마가 장난감을 사 주신다는 이야기를 들으면 귀가 솔깃해져요.
   _____ 귀가 솔깃해져요.

2 생일에 받은 선물을 친구들에게 침이 마르게 자랑했어요.
   _____ 침이 마르게 자랑했어요.

❊ 학부모 Tip
아이의 대답에 오답은 없습니다. 아이가 어떤 대답을 하든 귀 기울여 들어주세요.

복습하기

앞서 배운 어휘들의 의미를 떠올려 보고 상황에 맞는 어휘를 찾아 빈 칸을 채웁니다. 이를 통해 어휘들의 실생활에서의 쓰임을 되새깁니다.

＊ 학부모 Tip
숙지하지 못한 단어가 있다면, 이야기를 다시 한번 차분히 읽힙니다.
이때, 함께 실감나게 읽어 보면 더 좋아요!

어휘 확인하기

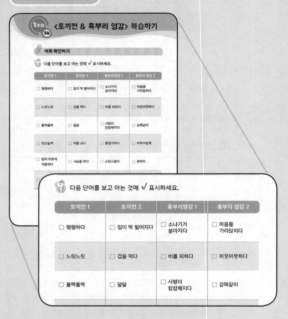

어휘 연습하기

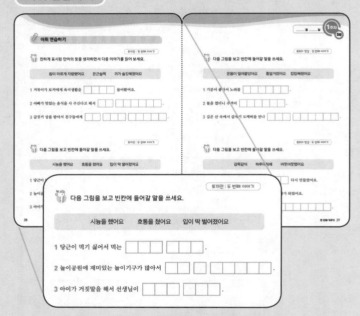

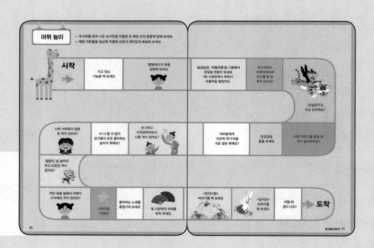

어휘 놀이

재미있는 놀이를 통해 어휘의 개념 을 즐겁게 확인할 수 있습니다.

차례

〈토끼전〉 & 〈혹부리 영감〉

1일차 | 토끼전 ①

명령하다   폴짝폴짝

느릿느릿

은근슬쩍

침이 마르게 자랑하다

귀가 솔깃해지다

공부한 날 ◯ 월 ◯ 일

2일차 | 토끼전 ②

겁을 먹다   시늉을 하다

덜덜

꾀를 내다

입이 딱 벌어지다   호통을 치다

공부한 날 ◯ 월 ◯ 일

3일차 | 혹부리 영감 ①

소나기가 쏟아지다

소란스럽다

흥얼거리다

온몸이 얼어붙다

비를 피하다

사방이 캄캄해지다

공부한 날 ◯ 월 ◯ 일

4일차 | 혹부리 영감 ②

감쪽같이   분하다

하루아침에

머뭇머뭇하다   걸음아 날 살려라

마음을 가라앉히다

공부한 날 ◯ 월 ◯ 일

5일차 | 복습하기

공부한 날 ◯ 월 ◯ 일

토끼전 | 첫 번째 이야기

📎 생각하며 준비하기

 토끼가 나오는 옛날이야기를 알고 있어요?

 아래 그림을 보고 알맞은 대답을 찾아 빈칸을 채워 보세요.

용왕님	토끼	자라	용궁

빨간색으로 표시된 단어의 뜻을 생각하면서 다음 이야기를 읽어 보세요.

옛날, 깊은 바다의 용왕님이 병이 들었어요. 용왕님은 좋다는 약은 모두 먹었지만 병이 낫지 않았어요. 그러던 어느 날 의원이 찾아왔어요.

"용왕님, 토끼의 간을 구해 드시면 나을 것입니다."

용왕님은 자라에게 토끼의 간을 구해오라고 명령했어요.

자라는 용궁을 떠나 육지로 헤엄쳐 갔어요. 육지에 올라온 자라는 산속으로 느릿느릿 기어갔어요. 그런데 저쪽에서 토끼가 폴짝폴짝 뛰어오고 있었어요. 자라는 토끼에게 다가가 은근슬쩍 말을 걸며 육지 생활에 대해 이것저것 물어보았어요. 그러자 토끼는 자라에게 산속의 아름다운 풍경을 자랑했어요.

토끼의 자랑을 들은 자라는 "용궁은 여기보다 훨씬 더 아름답다오."라고 하면서 용궁 풍경을 침이 마르게 자랑했어요. 자라는 토끼에게 "용궁에 한번 놀러 갑시다. 용왕님께서 큰 선물도 주실 것이오."라고 말했어요. 토끼는 자라의 말에 귀가 솔깃해졌습니다.

 이야기를 읽고 맞으면 O, 틀리면 X 하세요.

1 용왕님의 병이 나으려면 토끼 간이 필요해요. ☐

2 자라는 산속의 풍경이 아름다워서 부러웠어요. ☐

3 토끼는 자라의 이야기를 듣고 용궁에 가 보고 싶었어요. ☐

📎 **추측한 어휘 확인하기**   어휘력 키우기

 다음 단어의 뜻과 비슷한 것에 체크하세요.

1 명령했어요

☐ 시켰어요 　　　　　☐ 들었어요

2 침이 마르게 자랑했어요

☐ 여러 번 자랑했어요 　　　　　☐ 한 번만 자랑했어요

3 귀가 솔깃해졌어요

☐ 듣기 싫어졌어요 　　　　　☐ 관심이 생겼어요

어울리는 것을 찾아 줄로 이으세요.

1	느릿느릿 ●	● 말을 걸었어요
2	폴짝폴짝 ●	● 기어갔어요
3	은근슬쩍 ●	● 뛰어갔어요

📎 생각대로 표현하기

 다음 빈칸을 자유롭게 써 보세요.

1
친구

엄마가 장난감을 사 주신다는 이야기를 들으면 **귀가 솔깃해져요.**

나

_____ **귀가 솔깃해져요.**

2
친구

생일에 받은 선물을 친구들에게 **침이 마르게 자랑했어요.**

나

_____ **침이 마르게 자랑했어요.**

 생각하며 준비하기 〔사고력 키우기〕

 지난 이야기에서 읽은 내용을 아래 말을 사용해서 써 보세요.

| 자라 | 용궁 | 토끼 | 자랑했어요 | 귀가 솔깃해졌어요 |

| 자 | 라 | 가 | | | 을 | | | | | | . |

| 그 | 래 | 서 | 토 | 끼 | 는 | | | | | | | | | . |

 토끼는 자라와 함께 용궁으로 갔습니다.
앞으로 토끼에게 어떤 일이 벌어질까요? 자유롭게 써 보세요.

추측하며 읽어보기

 빨간색으로 표시된 단어의 뜻을 생각하면서 다음 이야기를 읽어 보세요.

토끼는 자라 등에 업혀 바닷속으로 들어갔습니다. 으리으리한 용궁의 모습에 토끼는 입이 딱 벌어졌어요. 용궁으로 들어간 토끼는 용왕님을 만났어요. 그런데 용왕님은 토끼를 보자마자 "당장 간을 내놓아라!"라고 말했어요.

토끼는 겁을 먹고 몸이 덜덜 떨렸지만 재빠르게 꾀를 내어 깜짝 놀라는 시늉을 했어요.

"아이고, 간을 두고 왔네! 제 간은 날씨 좋은 날에는 꺼내어 햇볕에 말린답니다."

토끼의 말을 들은 용왕님은 호통을 쳤어요.

"어서 가서 간을 가져오너라!"

자라는 토끼를 업고 육지로 나왔어요.

"간을 어디에 두었소?"

자라가 묻자 토끼는 깔깔깔 웃었어요.

"세상에 간을 빼놓고 다니는 바보가 어디 있어?"

토끼는 껑충껑충 뛰면서 저 멀리 달아났답니다.

 이야기를 읽고 맞으면 O, 틀리면 X 하세요.

1 토끼는 크고 화려한 용궁을 보고 놀랐어요.

2 용왕님이 간을 내놓으라고 했지만 토끼는 무서워하지 않았어요.

3 자라는 간을 햇볕에 꺼내어 말린다는 토끼의 말을 믿었어요.

📎 추측한 어휘 확인하기   어휘력 키우기

 다음 단어의 뜻과 비슷한 것에 체크하세요.

1 입이 딱 벌어졌어요

☐ 멋있어서 입이 벌어졌어요   ☐ 무서워서 입이 벌어졌어요

2 시늉을 하며

☐ 모습을 흉내 내며   ☐ 말을 하며

3 호통을 치며

☐ 칭찬을 하며   ☐ 큰 소리로 화를 내며

어울리는 것을 찾아 줄로 이으세요.

1   덜덜   •   •   먹었어요

2   꾀를   •   •   떨렸어요

3   겁을   •   •   냈어요

📎 생각대로 표현하기   표현력 키우기

 다음 빈칸에 들어갈 말을 자유롭게 써 보세요.

1   언제 입이 딱 벌어져요?

- 장난감 가게에 들어가서 멋있는 장난감을 볼 때 **입이 딱 벌어져요.**
- _____ **입이 딱 벌어져요.**

2   **몸이 덜덜 떨린** 적이 있었어요? 언제 그랬어요?

- 수영장에서 수영하고 나온 다음에 추워서 **몸이 덜덜 떨린** 적이 있어요.
- _____ **몸이 덜덜 떨린** 적이 있어요.

생각하며 준비하기

사고력 키우기

 아래 그림을 보고 알맞은 대답을 찾아 빈칸을 채워 보세요.

| 도깨비 | 혹 | 혹부리 영감 | 캄캄해요 |

 깊은 산 속에서 도깨비를 만난다면 어떻게 할 것 같아요?

 잔뜩 겁이 나서 도망칠 것 같아요.

 온몸이 얼어붙어서 가만히 서 있을 것 같아요.

빨간색으로 표시된 단어의 뜻을 생각하면서 다음 이야기를 읽어 보세요.

옛날 어느 마을에 오른쪽 턱에 큰 혹이 달린 할아버지가 살고 있었어요. 마을 사람들은 모두 이 할아버지를 '혹부리 영감'이라고 불렀어요.

어느 날 혹부리 영감은 깊은 산속에 나무를 하러 갔지요. 나무를 잔뜩 해서 산에서 내려오는데 갑자기 천둥 번개가 치면서 소나기가 쏟아지기 시작했어요.

마침 혹부리 영감은 쓰러져가는 낡은 집을 보고 비를 피하려고 그 집으로 들어갔어요. 소나기는 사방이 캄캄해진 뒤에야 겨우 그쳤어요.

어두워진 밤에 낡은 집 안에 혼자 있게 된 혹부리 영감은 겁이 나서 노래를 흥얼거리기 시작했어요. 한두 곡 부르다가 신이 난 혹부리 영감은 무서운 것도 잊어버리고 큰 소리로 노래를 불렀지요.

한참 노래를 부르고 있는데 밖이 소란스러웠어요. 그래서 밖을 보니 머리에 뿔이 난 도깨비들이 웅성거리면서 서 있지 않겠어요? 혹부리 영감은 너무 놀라 온몸이 얼어붙었어요.

이야기를 읽고 맞으면 O, 틀리면 X 하세요.

1 혹부리 영감은 소나기를 피하려고 낡은 집으로 들어갔어요. ☐

2 혹부리 영감은 너무 심심해서 노래를 부르기 시작했어요. ☐

3 혹부리 영감은 노래를 부르다가 신나서 도깨비를 불렀어요. ☐

추측한 어휘 확인하기

어휘력 키우기

 다음 단어의 뜻과 비슷한 것에 체크하세요.

1 흥얼거리기 시작했어요

☐ 작은 소리로 노래했어요 ☐ 큰 소리로 노래했어요

2 밖이 소란스러웠어요

☐ 밖이 조용했어요 ☐ 밖이 시끄러웠어요

3 온몸이 얼어붙었어요

☐ 놀라서 움직일 수 없었어요 ☐ 아파서 움직일 수 없었어요

어울리는 것을 찾아 줄로 이으세요.

1　소나기가　•　　　•　피했어요

2　비를　•　　　•　쏟아졌어요

3　사방이　•　　　•　캄캄해졌어요

 생각대로 표현하기　　　　　표현력 키우기

 다음 빈칸을 자유롭게 써 보세요.

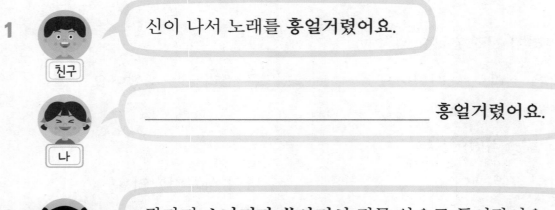

1　친구: 신이 나서 노래를 흥얼거렸어요.

　나: _____ 흥얼거렸어요.

2　친구: 갑자기 소나기가 쏟아져서 건물 안으로 들어갔어요.

　나: 갑자기 소나기가 쏟아져서 _____.

혹부리 영감 | 두 번째 이야기

생각하며 준비하기

사고력 키우기

 지난 이야기에서 읽은 내용을 아래 말을 사용해서 써 보세요.

혹부리 영감님   온몸어   겁이 나서   도깨비   얼어붙었어요

| 혹 | 부 | 리 | | 영 | 감 | 님 | 은 | | | | 를 | | 보 | 고 |

| | | | | 온 | 몸 | 이 | | | | | | | . |

 도깨비를 만난 혹부리 영감에게 앞으로 무슨 일이 일어날까요?
자유롭게 써 보세요.

한 번에 키우기 23

빨간색으로 표시된 단어의 뜻을 생각하면서 다음 이야기를 읽어 보세요.

도깨비를 만난 혹부리 영감은 놀란 마음을 가라앉히고 아무 일도 없다는 듯이 노래를 계속 불렀어요. 그러자 도깨비들이 낡은 집 안으로 들어와 말을 걸었어요.

"이런 좋은 목소리는 대체 어디서 나오는 것이오?"

혹부리 영감은 잠시 머뭇머뭇했어요. 그러다가 갑자기 오른쪽 턱 아래의 혹이 생각났어요. 그래서 혹부리 영감은 거짓말을 했어요.

"이 목소리는 바로 이 혹에서 나오는 것이라오."

그 말을 들은 도깨비들은 혹을 사겠다면서 혹부리 영감에게 보물을 주고 혹을 감쪽같이 떼어갔어요. 혹도 떼고 보물도 얻은 혹부리 영감은 하루아침에 큰 부자가 되었어요.

이 소식을 들은 이웃 마을 심술쟁이 혹부리 영감은 욕심이 생겨 산속 낡은 집으로 가서 큰 소리로 노래를 부르기 시작했어요. 그 노랫소리를 듣고 찾아온 도깨비들에게 심술쟁이 영감은 노래 주머니를 팔러 왔다고 했어요. 그러자 도깨비들은 버럭 화를 냈어요.

"한 번 속은 것도 분한데 또 속을 줄 알았느냐?"

도깨비들은 심술쟁이 혹부리 영감에게 혹을 하나 더 붙여버렸어요. 겁에 질린 심술쟁이 영감은 '걸음아 날 살려라' 하면서 도망을 쳤답니다.

 이야기를 읽고 맞으면 O, 틀리면 X 하세요.

1 혹부리 영감은 놀라지 않은 척하면서 노래를 계속 불렀어요. ☐

2 도깨비들은 혹부리 영감의 혹을 훔쳐갔어요. ☐

3 심술쟁이 혹부리 영감도 도깨비에게 혹을 주고 보석을 받았어요. ☐

📎 추측한 어휘 확인하기

어휘력 키우기

 다음 단어의 뜻과 비슷한 것에 체크하세요.

1 머뭇머뭇했어요

☐ 빨리 결정해서 말했어요 ☐ 빨리 못하고 자꾸 망설였어요

2 분한데

☐ 화가 나는데 ☐ 예의가 없는데

3 걸음아 날 살려라

☐ 있는 힘을 다해 뛰어요 ☐ 살려달라고 외쳐요

어울리는 것을 찾아 줄로 이으세요.

1 　마음을 　•　　　　•　부자가 되었어요

2 　감쪽같이 　•　　　　•　떼어갔어요

3 　하루아침에 　•　　　　•　가라앉혔어요

 ## 생각대로 표현하기 　　　　　　　　　　표현력 키우기

 다음 빈칸에 들어갈 말을 자유롭게 써 보세요.

1 　어떨 때 **머뭇머뭇해요?**

　　• 잘 모르는 질문에 대답을 해야 할 때 **머뭇머뭇해요.**
　　• _____ **머뭇머뭇해요.**

2 　**마음을 가라앉히려면** 어떻게 하면 좋아요?

　　• 조용히 앉아서 열까지 숫자를 세면 **마음을 가라앉힐 수 있어요.**
　　• _____ **마음을 가라앉힐 수 있어요.**

〈토끼전〉 & 〈혹부리 영감〉 복습하기

 어휘 확인하기

 다음 단어를 보고 아는 것에 ✓ 표시하세요.

토끼전 1	토끼전 2	혹부리영감 1	혹부리 영감 2
☐ 명령하다	☐ 입이 딱 벌어지다	☐ 소나기가 쏟아지다	☐ 마음을 가라앉히다
☐ 느릿느릿	☐ 겁을 먹다	☐ 비를 피하다	☐ 머뭇머뭇하다
☐ 폴짝폴짝	☐ 덜덜	☐ 사방이 캄캄해지다	☐ 감쪽같이
☐ 은근슬쩍	☐ 꾀를 내다	☐ 흥얼거리다	☐ 하루아침에
☐ 침이 마르게 자랑하다	☐ 시늉을 하다	☐ 소란스럽다	☐ 분하다
☐ 귀가 솔깃해지다	☐ 호통을 치다	☐ 온몸이 얼어붙다	☐ 걸음아 날 살려라

어휘 연습하기

 다음 그림을 보고 빈칸에 들어갈 말을 쓰세요.

> 침이 마르게 자랑했어요   은근슬쩍   귀가 솔깃해졌어요

1 거북이가 토끼에게 육지생활을 ☐☐☐☐ 물어봤어요.

2 아빠가 맛있는 음식을 사 주신다고 해서 ☐☐ ☐☐☐☐☐ .

3 글짓기상을 받아서 친구들에게 ☐☐ ☐☐ ☐☐☐☐☐ .

 다음 그림을 보고 빈칸에 들어갈 말을 쓰세요.

> 시늉을 했어요   호통을 쳤어요   입이 딱 벌어졌어요

1 당근이 먹기 싫어서 먹는 ☐☐☐ ☐☐☐ .

2 놀이공원에 재미있는 놀이기구가 많아서 ☐☐☐ ☐☐☐☐☐ .

3 아이가 거짓말을 해서 선생님이 ☐☐☐ ☐☐☐ .

다음 그림을 보고 빈칸에 들어갈 말을 쓰세요.

> 온몸이 얼어붙었어요   흥얼거렸어요   캄캄해졌어요

1 기분이 좋아서 노래를 ☐☐☐☐☐☐ .

2 불을 껐더니 주변이 ☐☐☐☐☐☐ .

3 깊은 산속에서 갑자기 도깨비를 만나 ☐☐☐ ☐☐☐☐☐☐ .

 다음 그림을 보고 빈칸에 들어갈 말을 쓰세요.

> 감쪽같이   하루아침에   머뭇머뭇했어요

1 블록으로 만든 집이 부서졌는데 ☐☐☐☐ 다시 만들었어요.

2 혹부리 영감은 ☐☐☐☐☐ 큰 부자가 되었어요.

3 선생님 질문에 어떻게 대답해야 할지 몰라서 ☐☐☐☐☐☐☐ .

〈도깨비 방망이〉 & 〈송아지와 바꾼 무〉

1일차 | 도깨비 방망이 ①

뚝

넉넉하다

쑥

눈이 동그래지다

시끌시끌하다

허겁지겁

공부한 날 ◯ 월 ◯ 일

2일차 | 도깨비 방망이 ②

목이 빠지게 기다리다

시끌벅적하다

남김없이

벌컥

휘두르다　　혼쭐나다

공부한 날 ◯ 월 ◯ 일

3일차 | 송아지와 바꾼 무 ①

쑥쑥

힘을 모으다

어깨가 들썩들썩하다

곰곰이

귀하다

넙죽

공부한 날 ◯ 월 ◯ 일

4일차 | 송아지와 바꾼 무 ②

샘이 나다　　　부글부글

보잘것없다

번뜩　　　입이 귀에 걸리다

풀이 죽다

공부한 날 ◯ 월 ◯ 일

5일차 | 복습하기

공부한 날 ◯ 월 ◯ 일

 생각하며 준비하기 사고력 키우기

 도깨비 그림을 그려 보고 '도깨비' 하면 생각나는 말을 써 보세요.

<그림>   <생각나는 말>

 아래 그림을 보고 알맞은 대답을 찾아 빈칸을 채워 보세요.

도깨비 방망이	두드리다	금은보화

추측하며 읽어보기

 빨간색으로 표시된 단어의 뜻을 생각하면서 다음 이야기를 읽어 보세요.

옛날 어느 마을에 마음씨 착한 젊은이가 땔감을 구하러 산으로 갔어요. 젊은이는 나무를 하다가 잠시 쉬려고 그늘에 앉았는데 머리 위에서 열매가 뚝 떨어졌어요. 젊은이는 집에 있는 가족들에게 주려고 떨어진 열매를 넉넉하게 주워 주머니 속에 쏙 집어넣었어요.

어느덧 날이 어두워져 산을 내려오는데 갑자기 비가 쏟아지기 시작했어요. 젊은이는 마침 낡은 집을 하나 발견하고 거기에 들어가 비가 그치기를 기다리고 있는데 그때 밖에서 시끌시끌한 소리가 들렸어요.

젊은이가 밖을 몰래 내다보니 도깨비들이 마당에서 방망이를 두드리며 노래를 부르고 있는 게 아니겠어요?

"금 나와라, 뚝딱"

"은 나와라, 뚝딱!"

도깨비들이 방망이를 내리칠 때마다 보물이 와르르 쏟아져 나왔어요. 그 장면을 본 젊은이는 깜짝 놀라 눈이 동그래졌어요.

도깨비들을 엿보던 젊은이는 갑자기 배가 너무 고파져서 열매 하나를 '타닥' 하고 깨물었어요. 그 소리를 들은 도깨비들은 깜짝 놀라 도깨비 방망이와 금은보화를 다 내려놓고 허겁지겁 달아났어요.

이야기를 읽고 맞으면 O, 틀리면 X 하세요.

1 젊은이는 열매를 주우려고 산으로 갔어요.

2 젊은이는 낡은 집에서 도깨비를 발견하고 재빠르게 도망쳤어요.

3 도깨비들이 노래하면서 방망이를 내리칠 때마다 금은보화가 쏟아졌어요.

추측한 어휘 확인하기

어휘력 키우기

 다음 단어의 뜻과 비슷한 것에 체크하세요.

1 넉넉하게

☐ 적지 않게   ☐ 조금만

2 시끌시끌한

☐ 조용한   ☐ 소란스러운

3 눈이 동그래졌어요

☐ 놀라서 눈이 커졌어요   ☐ 눈을 찡그렸어요

어울리는 것을 찾아 줄로 이으세요.

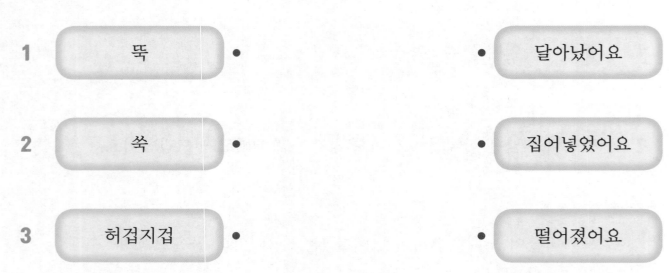

1	뚝 •	•	달아났어요
2	쑥 •	•	집어넣었어요
3	허겁지겁 •	•	떨어졌어요

📎 생각대로 표현하기

표현력 키우기

 다음 빈칸에 들어갈 말을 자유롭게 써 보세요.

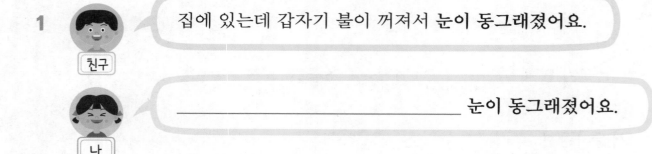

1 친구: 집에 있는데 갑자기 불이 꺼져서 **눈이 동그래졌어요.**

나: _____ 눈이 동그래졌어요.

2 친구: 친구들과 잡기 놀이를 하면서 놀이터에서 **시끌시끌하게 놀았어요.**

나: _____ 시끌시끌하게 놀았어요.

도깨비 방망이 | 두 번째 이야기

 ## 생각하며 준비하기 사고력 키우기

 다음은 지난 이야기의 마지막 장면이에요.
아래 말을 사용해서 마지막 장면을 써 보세요.

| 도깨비 |
| 열매 젊은이 |
| 달아났어요 |
| 깜짝 |
| 놀라서 |
| 깨물자 |
| 허겁지겁 |

| 젊 | 은 | 이 | 가 | | | 를 | 깨 | 물 | 자 |

| | | | 가 | | | 놀 | 라 | 서 |

| | | | | | | | | | . |

 도깨비들은 방망이와 금은보화를 모두 두고 달아났습니다.
여러분이 젊은이라면 어떻게 할 것 같아요?

빨간색으로 표시된 단어의 뜻을 생각하면서 다음 이야기를 읽어 보세요.

도깨비가 도망가고 난 후 젊은이는 도깨비 방망이와 금은보화를 챙겨서 집으로 돌아와 큰 부자가 되었어요.

이 소식을 들은 욕심 많은 이웃집 친구가 젊은이를 찾아와 물었습니다. 젊은이는 어떻게 해서 도깨비 방망이와 보물을 얻을 수 있었는지 자세히 이야기해 주었어요.

욕심쟁이 친구는 자신도 부자가 되고 싶었어요. 그래서 산에서 열매를 따서 주머니에 넣고 낡은 집으로 들어가 도깨비를 목이 빠지게 기다렸어요.

날이 어둑어둑해지자 밖에서 시끌벅적한 소리가 들리기 시작했어요. 도깨비들이 모여들기 시작한 거예요. 욕심쟁이 친구는 '이때다!' 하고 생각하면서 준비해 온 열매를 콱 깨물었어요.

'무서워서 달아나겠지? 저기 있는 금은보화를 하나도 남김없이 다 가져가야지!'

그런데 이게 웬일이에요? 달아날 거라고 생각했던 도깨비들이 문을 벌컥 열고 외쳤어요.

"네가 우리 방망이를 가져간 놈이냐?"

도깨비들은 욕심쟁이 친구에게 도깨비 방망이를 휘둘렀어요.

욕심쟁이 친구는 도깨비들에게 혼쭐나고 머리에 혹만 얻어 집으로 돌아왔답니다.

이야기를 읽고 맞으면 O, 틀리면 X 하세요.

1 젊은이는 친구에게 부자가 된 방법을 가르쳐 주지 않았어요.

2 욕심 많은 친구는 열매를 가지고 낡은 집에 가서 도깨비를 기다렸어요.

3 도깨비들은 이번에도 열매 깨무는 소리에 놀라 허겁지겁 도망쳤어요.

추측한 어휘 확인하기

어휘력 키우기

다음 단어의 뜻과 비슷한 것에 체크하세요.

1 목이 빠지게 기다렸어요

☐ 열심히 기다렸어요   ☐ 목이 길어졌어요

2 시끌벅적한 소리

☐ 조용한 소리   ☐ 시끄러운 소리

3 혼쭐났어요

☐ 혼이 났어요   ☐ 화를 냈어요

어울리는 것을 찾아 줄로 이으세요.

1 남김없이 • • 열었어요

2 도깨비 방망이를 • • 휘둘렀어요

3 벌컥 • • 다 가져갔어요

📎 **생각대로 표현하기** 표현력 키우기

 다음 빈칸에 들어갈 말을 자유롭게 써 보세요.

1 무언가를 **목이 빠지게 기다려** 본 적이 있었어요?

- 빨리 선물을 받고 싶어서 크리스마스를 **목이 빠지게** 기다렸어요.
- _____ **목이 빠지게** 기다렸어요.

2 잘못해서 **혼쭐난** 적이 있어요?

- 숙제를 했다고 거짓말을 해서 선생님께 **혼쭐난** 적이 있어요.
- _____ **혼쭐난** 적이 있어요.

📎 **생각하며 준비하기**

 가지고 있는 물건 중에서 가장 소중한 물건을 써 보세요.

_____

_____

 그 물건이 왜 소중해요?

_____

 아래 그림을 보고 알맞은 대답을 찾아 빈칸을 채워 보세요.

어린아이만 한 무	농부	원님	송아지

추측하며 읽어보기

 빨간색으로 표시된 단어의 뜻을 생각하면서 다음 이야기를 읽어 보세요.

옛날 어느 마을에 부지런한 부부가 살고 있었어요. 어느 해 부부는 무 농사를 지었어요. 부부가 하루도 빠짐없이 무를 살펴보며 정성껏 키우자 무는 날마다 쑥쑥 자라났지요. 무럭무럭 자라난 무를 보며 부부는 신이 나서 어깨가 들썩들썩했어요. 다 자라난 무를 뽑는데 그중 하나는 어찌나 큰지 두 사람이 힘을 모아 한참을 당기고 나서야 겨우 뽑혔어요.

"세상에! 무가 이렇게 크다니! 어린아이만 하구려."

깜짝 놀란 두 사람은 곰곰이 생각하다가 말했어요.

"이렇게 귀한 무를 우리가 먹기는 아까우니 원님께 드립시다."

부부는 원님을 찾아가 말했어요.

"제가 여러 해 동안 농사를 지었지만 이렇게 큰 무는 처음 봅니다. 원님께서 우리 마을을 잘 다스려 주신 덕분이니 이 무를 원님께 드리고 싶습니다."

원님은 부지런한 부부를 크게 칭찬했어요.

"이렇게 귀한 선물을 받았으니 나도 보답을 해야지."

원님은 부부에게 송아지 한 마리를 주었습니다. 착한 부부는 크게 기뻐하며 넙죽 절을 했어요.

이야기를 읽고 맞으면 O, 틀리면 X 하세요.

1 부부가 정성껏 돌본 무는 어린아이 크기만큼 자랐어요.

2 무가 너무 커서 원님과 나눠 먹으려고 원님께 찾아갔어요.

3 무를 본 원님은 부부를 칭찬하고 선물을 주었어요.

추측한 어휘 확인하기

어휘력 키우기

 다음 단어의 뜻과 비슷한 것에 체크하세요.

1 어깨가 들썩들썩했어요

☐ 신이 나서 어깨춤을 췄어요   ☐ 이상해서 어깨를 으쓱했어요

2 두 사람이 힘을 모아

☐ 두 사람이 따로따로   ☐ 두 사람이 함께

3 귀한 무

☐ 보통 모양의 무   ☐ 특별한 무

어울리는 것을 찾아 줄로 이으세요.

1 쑥쑥 • • 생각했어요

2 곰곰이 • • 절을 했어요

3 넙죽 • • 자랐어요

📎 생각대로 표현하기

 다음 빈칸을 자유롭게 써 보세요.

1 친구
친구들과 **힘을 모아** 블록으로 집을 만들어 본 적이 있어요.

나
친구들과 **힘을 모아** _____

2 친구
신나는 노래를 들으니 **어깨가 들썩들썩했어요.**

나
_____ **어깨가 들썩들썩했어요.**

송아지와 바꾼 무 | 두 번째 이야기

 생각하며 준비하기 사고력 키우기

 친구에게 샘이 난 적이 있었어요? 언제 샘이 났어요?

 이웃집 욕심쟁이 농부는 착한 부부의 이야기를 듣고 샘이 났습니다.
욕심쟁이 농부가 어떻게 할지 써 보세요.

추측하며 읽어보기

빨간색으로 표시된 단어의 뜻을 생각하면서 다음 이야기를 읽어 보세요.

착한 부부가 집으로 돌아오는 길에 욕심쟁이 농부를 만났어요. 욕심쟁이 농부는 부부의 이야기를 듣고 샘이 나서 속이 부글부글 끓었어요.

'보잘것없는 무 하나를 드리고 송아지를 얻어 오다니. 아이고, 배야.'

욕심쟁이 농부는 자신도 선물을 받고 싶어서 이리저리 고민을 하다가 좋은 생각이 번뜩 떠올랐어요.

부부가 무 하나를 드리고 송아지 한 마리를 얻었으니 송아지를 드리면 더 큰 걸 얻을 수 있겠다는 속셈으로 송아지를 끌고 원님을 찾아갔어요.

원님이 이번에도 침이 마르도록 칭찬하고 나서 신하를 불렀어요.

"이렇게 귀한 송아지를 받았으니 요새 들어온 물건 중에서 귀한 것을 주거라."

그 말을 들은 욕심쟁이 농부는 '금덩어리를 주실까, 뭘 주실까?' 하고 기대하면서 입이 귀에 걸렸어요.

그때 신하가 말했어요.

"며칠 전에 들어온 아주 귀한 무가 있습니다."

그 말을 들은 원님이 그 무를 내어주라고 했습니다. 송아지 대신 무를 받은 욕심쟁이 농부는 자신의 행동을 후회하면서 풀이 죽어 집으로 돌아왔습니다.

이야기를 읽고 맞으면 O, 틀리면 X 하세요.

1 욕심쟁이 농부는 착한 부부가 송아지를 받아서 샘이 났어요. ☐

2 욕심쟁이 농부는 원님께 감사하는 마음으로 송아지를 선물했어요. ☐

3 욕심쟁이 농부는 원님께 귀한 선물을 받고 아주 기뻤어요. ☐

📎 추측한 어휘 확인하기   어휘력 키우기

 다음 단어의 뜻과 비슷한 것에 체크하세요.

1 보잘것없는
   ☐ 별로 좋지 않은   ☐ 귀한

2 입이 귀에 걸렸어요
   ☐ 입을 크게 벌렸어요   ☐ 너무 좋아서 활짝 웃었어요

3 풀이 죽어
   ☐ 속이 상해서 힘이 없어   ☐ 식물의 잎이 시들어

어울리는 것을 찾아 줄로 이으세요.

1   샘이   •   •   떠올랐어요

2   부글부글   •   •   끓었어요

3   번뜩   •   •   났어요

📎 생각대로 표현하기

표현력 키우기

 다음 빈칸에 들어갈 말을 자유롭게 써 보세요.

1   기분이 너무 좋아 **입이 귀에 걸린** 적이 있어요?

• 그림을 잘 그려서 친구들이 칭찬해줬을 때 좋아서 **입이 귀에 걸렸어요.**
• _____ 좋아서 **입이 귀에 걸렸어요.**

2   속상한 마음이 들어 **풀이 죽었던** 적이 있어요? 언제 그랬어요?

• 동생하고 싸운다고 부모님께 혼나서 **풀이 죽었던** 적이 있어요.
• _____ **풀이 죽었던** 적이 있어요.

46

2주차 5일 〈도깨비 방망이〉 & 〈송아지와 바꾼 무〉 복습하기

 어휘 확인하기

 다음 단어를 보고 아는 것에 ✔ 표시하세요.

도깨비 방망이 1	도깨비 방망이 2	송아지와 바꾼 무 1	송아지와 바꾼 무 2
☐ 뚝	☐ 목이 빠지게 기다리다	☐ 쑥쑥	☐ 샘이 나다
☐ 넉넉하다	☐ 시끌벅적하다	☐ 어깨가 들썩들썩하다	☐ 부글부글
☐ 쑥	☐ 남김없이	☐ 힘을 모으다	☐ 보잘것없다
☐ 시끌시끌하다	☐ 벌컥	☐ 곰곰이	☐ 번뜩
☐ 눈이 동그래지다	☐ 휘두르다	☐ 귀하다	☐ 입이 귀에 걸리다
☐ 허겁지겁	☐ 혼쭐나다	☐ 넙죽	☐ 풀이 죽다

📎 어휘 연습하기

도깨비 방망이 | 첫 번째 이야기

 다음 그림을 보고 빈칸에 들어갈 말을 쓰세요.

넉넉하게	시끌시끌했어요	눈이 동그래졌어요

1 친구와 나눠 먹으려고 간식을 ☐☐☐☐ 싸 갔어요.

2 쉬는 시간이 되자 교실이 ☐☐☐☐☐☐ .

3 선생님이 갑자기 책상을 쾅 치면서 나가자 학생들 ☐☐ ☐☐☐
☐☐☐ .

도깨비 방망이 | 두 번째 이야기

 다음 그림을 보고 빈칸에 들어갈 말을 쓰세요.

남김없이	목이 빠지게 기다렸어요	혼쭐났어요

1 크리스마스가 빨리 오기를 ☐☐ ☐☐ ☐☐☐☐☐ .

2 동생을 괴롭혀서 엄마에게 ☐☐☐☐ .

3 엄마가 주신 밥은 ☐☐☐☐ 다 먹어야 해요.

48

송아지와 바꾼 무 | 첫 번째 이야기

다음 그림을 보고 빈칸에 들어갈 말을 쓰세요.

| 곰곰이 | 쑥쑥 | 어깨가 들썩들썩했어요 |

1 매일 물을 줬더니 나무가 ☐☐ 자랐어요.

2 신나는 노래를 들었더니 ☐☐☐ ☐☐☐☐☐☐☐ .

3 선생님 말씀을 ☐☐☐ 생각해 보니까 이해가 됐어요.

송아지와 바꾼 무 | 두 번째 이야기

다음 그림을 보고 빈칸에 들어갈 말을 쓰세요.

| 샘이 났어요 | 풀이 죽었어요 | 입이 귀에 걸렸어요 |

1 엄마가 언니만 칭찬해서 ☐☐ ☐☐☐ .

2 선생님한테 칭찬을 받고 ☐☐ ☐☐☐ ☐☐☐☐☐ .

3 사고 싶었던 장난감을 못 사서 ☐☐ ☐☐☐☐ .

3주차

어휘 미리보기 〈소금을 만드는 맷돌〉 & 〈빨간 부채 파란 부채〉

1일차 | 소금을 만드는 맷돌 ①

떠벌리다   당부하다

계획을 짜다

기회를 엿보다

살금살금

샅샅이

공부한 날 ○ 월 ○ 일

2일차 | 소금을 만드는 맷돌 ②

한숨을 돌리다   덩실덩실

와르르

쩔쩔매다

새파랗게 질리다   짭조름하다

공부한 날 ○ 월 ○ 일

3일차 | 빨간 부채 파란 부채 ①

땀을 식히다

쭉쭉

부채를 부치다

궁리하다

환갑

숨기다

공부한 날 ○ 월 ○ 일

4일차 | 빨간 부채 파란 부채 ②

어림없는 소리   살살

눈 깜짝할 사이

빈둥거리다   붕

꽁꽁

공부한 날 ○ 월 ○ 일

5일차 | 복습하기

공부한 날 ○ 월 ○ 일

50

 생각하며 준비하기

 '맷돌'은 무엇을 할 때 쓰는 물건일까요?

 아래 그림을 보고 알맞은 대답을 찾아 빈칸을 채워 보세요.

| 임금님 | 도둑 | 신하 | 궁궐 |

빨간색으로 표시된 단어의 뜻을 생각하면서 다음 이야기를 읽어 보세요.

옛날 어느 나라에 신기한 맷돌을 가진 임금님이 있었어요. 이 맷돌은 주문을 걸면 무엇이든 나오게 하는 신기한 맷돌이었어요. 누구든 맷돌에 대고 "나와라, 보물!" 하면 보물이 나오고, "그쳐라, 보물!" 하면 보물이 더 이상 나오지 않았어요.

임금님은 신기한 맷돌을 궁궐 안 창고에 꼭꼭 숨겨 놓았어요. 그리고 신하들에게 "신기한 맷돌에 대해 여기저기 떠벌리는 사람에게는 무시무시한 벌을 내리겠다!"라고 말하고 비밀을 지키기를 당부했어요. 하지만 시간이 흐르자 사람들 사이 신기한 맷돌에 대한 소문이 돌기 시작했어요.

어느 날 한 도둑이 신기한 맷돌에 대한 이야기를 듣고는 맷돌을 훔칠 계획을 짰어요. 도둑은 궁궐 근처에 숨어 몰래 들어갈 기회를 엿보고 있었어요. 해가 지고 모두가 잠든 밤이 되자 도둑은 궁궐 담장을 훌쩍 뛰어넘었어요. 도둑은 아무에게도 들키지 않게 살금살금 걸어서 이곳저곳을 샅샅이 뒤졌어요.

마침내 도둑은 궁궐 안 창고에서 신기한 맷돌을 찾았어요. 도둑은 맷돌을 가지고 재빠르게 궁궐을 빠져나왔어요.

도둑은 밤새 달려 새벽 무렵 바닷가에 이르렀어요. 마침 그의 눈에 배 한 척이 보였지요. 도둑은 배에 맷돌을 싣고 노를 저었어요.

이야기를 읽고 맞으면 O, 틀리면 X 하세요.

1 신기한 맷돌은 무엇이든 나오게 할 수 있지만 그치게 하지는 못했어요.

2 임금님은 신하들에게 신기한 맷돌에 대해 떠벌리지 말라고 했어요.

3 도둑은 신기한 맷돌을 훔치고는 밤새 달려 깊은 산속으로 도망쳤어요.

📎 추측한 어휘 확인하기

 다음 단어의 뜻과 비슷한 것에 체크하세요.

1 떠벌리는

☐ 말하는   ☐ 옆으로 벌리는

2 당부했어요

☐ 혼냈어요   ☐ 부탁했어요

3 기회를 엿보고

☐ 알맞은 때를 기다리고   ☐ 시늉을 하고

어울리는 것을 찾아 줄로 이으세요.

1	살금살금	•		•	뒤졌어요
2	샅샅이	•		•	걸었어요
3	계획을	•		•	짰어요

📎 생각대로 표현하기

표현력 키우기

 방학 때 무엇을 하고 싶어요? 아래 메모지에 방학 계획을 짜 봅시다.

1 친구의 계획   2 나의 계획

1. 방학 때 부모님하고 할머니 댁에 갈 거예요.
2. 매일 일기를 쓸 거예요.
3. 아이스크림을 먹을 거예요.

1. _____.
2. _____.
3. _____.

3주차 2일 소금을 만드는 맷돌 | 두 번째 이야기

 생각하며 준비하기   사고력 키우기

 지난 이야기에서 읽은 내용을 아래 말을 사용해서 써 보세요.

임금님	신기한 맷돌	살살이	숨겨 놓은
도둑		찾았어요	뒤져

			이	숨	겨	놓	은						을

		이				뒤	져				.

 신기한 맷돌을 훔쳐 바다로 도망간 도둑은 앞으로 어떻게 될까요?
자유롭게 써 보세요.

추측하며 읽어보기

 빨간색으로 표시된 단어의 뜻을 생각하면서 다음 이야기를 읽어 보세요.

열심히 노를 저어 바다 한가운데까지 간 도둑은 그제야 한숨을 돌렸어요. 그러다가 문득 의심이 들었어요.

'이 맷돌이 진짜일까? 혹시 가짜 맷돌은 아니겠지?'

도둑은 자신이 가져온 맷돌이 진짜 신기한 맷돌이 맞는지 확인하기 위해 주문을 걸어 보기로 했어요. 도둑이 "나와라, 소금!"이라고 외치자 맷돌에서 새하얀 소금이 와르르 쏟아졌어요.

"진짜 보물이 맞는구나! 나는 이제 큰 부자가 될 거야!"

도둑은 덩실덩실 춤을 추었어요.

그런데 소금이 멈추지 않고 계속 쏟아져 나오지 뭐예요? 소금이 점점 쌓이자 배가 기울기 시작했어요. 도둑은 아차 싶어 주문을 걸어 소금이 나오는 걸 멈추려고 했어요. 그러나 멈추는 주문이 생각나지 않는 거예요! 도둑은 쩔쩔매며 외쳤어요.

"소금아, 그만! 멈춰!"

하지만 그 어떤 주문도 맞지 않았어요. 도둑의 얼굴은 새파랗게 질렸어요.

결국 배는 점점 무거워져서 바다 밑으로 가라앉아 버렸어요. 신기한 맷돌도 바다 깊숙이

가라앉았지요.

왜 바닷물이 짭조름한지 알아요? 그때 가라앉은 맷돌이 계속 소금을 만들기 때문이라고 해요.

 이야기를 읽고 맞으면 O, 틀리면 X 하세요.

1 도둑이 가져온 맷돌은 신기한 맷돌이 아니었어요.

2 도둑은 주문을 걸어 소금이 나오는 걸 멈추게 했어요.

3 소금 때문에 무거워져서 배가 가라앉았어요.

추측한 어휘 확인하기

어휘력 키우기

 다음 단어의 뜻과 비슷한 것에 체크하세요.

1 한숨을 돌렸어요

☐ 마음이 불편해졌어요   ☐ 마음이 편해졌어요

2 쩔쩔매며

☐ 어쩔 줄 몰라 하며   ☐ 덜덜 떨며

3 짭조름해요

☐ 짜요   ☐ 미끄러워요

어울리는 것을 찾아 줄로 이으세요.

1	덩실덩실	•		•	쏟아졌어요
2	와르르	•		•	질렸어요
3	새파랗게	•		•	춤을 추었어요

생각대로 표현하기　　　　　　　　　표현력 키우기

 다음 빈칸에 들어갈 말을 자유롭게 써 보세요.

1 **쩔쩔맨** 적이 있나요? 있다면 언제였어요?

• 오줌이 마려운데 화장실 문이 잠겨 있었을 때 **쩔쩔맨** 적이 있어요.
• ＿＿＿＿＿＿＿＿＿＿＿＿＿＿＿＿ **쩔쩔맨** 적이 있어요.

2 무서워서 얼굴이 **새파랗게 질렸던** 적이 있어요?

• 무서운 이야기를 듣고 얼굴이 **새파랗게 질렸어요.**
• ＿＿＿＿＿＿＿＿＿＿＿＿＿＿＿ 얼굴이 **새파랗게 질렸어요.**

빨간 부채 파란 부채 | 첫 번째 이야기

 생각하며 준비하기 사고력 키우기

아래 그림을 보고 알맞은 대답을 찾아 빈칸을 채워 보세요.

| 누웠어요 | 부쳤어요 | 그늘 | 부채 |

<table>
<tr><td></td><td></td><td>에</td><td></td><td></td><td></td><td></td><td>.</td></tr>
<tr><td></td><td></td><td>를</td><td></td><td></td><td></td><td></td><td>.</td></tr>
</table>

 만약 몸을 커지게 하거나 작아지게 만들 수 있는 부채를 가진다면,
어떤 일을 하고 싶어요? 자유롭게 써 보세요.

추측하며 읽어보기

빨간색으로 표시된 단어의 뜻을 생각하면서 다음 이야기를 읽어 보세요.

옛날 어느 마을에 가난한 나무꾼이 살고 있었어요. 어느 날 나무꾼은 나무를 하다가 지쳐서 나무 그늘에 누워 쉬고 있었어요. 나무꾼은 누운 채로 위를 바라보다가 나뭇가지에 걸려 있는 빨간 부채와 파란 부채를 발견했어요.

'웬 부채가 저기에 걸려 있지? 더운데 잘 됐군. 땀이라도 식혀야겠어.'

나무꾼은 나뭇가지에서 부채 두 개를 꺼냈어요. 먼저 나무꾼은 빨간 부채를 부쳤어요. 그런데 이게 웬일이에요? 갑자기 코가 쭉쭉 길어지는 게 아니겠어요? 당황한 나무꾼은 얼른 파란 부채를 부쳐보았어요. 그러자 코가 원래대로 돌아왔어요.

나무꾼은 신기한 부채 두 개를 들고 집으로 돌아왔어요. 집으로 돌아온 나무꾼은 아내에게 신기한 부채를 보여주며 이 부채를 어디에 쓸지 궁리했어요. 그러다 나무꾼과 아내는 부자 영감을 생각해냈어요.

며칠 뒤 부자 영감의 환갑 잔칫날에 나무꾼은 빨간 부채를 소매에 숨겨 가져가 몰래 영감에게 부채를 부쳤어요. 그러자 영감의 코가 쭉쭉 길어졌어요.

부자 영감은 자신의

코를 고쳐주는 사람에게 상금을 주겠다고 했지만 영감의 코를 고쳐줄 수 있는 사람은 아무도 없었어요.

 이야기를 읽고 맞으면 O, 틀리면 X 하세요.

1 나무꾼은 그늘에 누워 쉬고 있을 때 부채들을 발견했어요. [ ]

2 나무꾼이 빨간 부채를 꺼내 부치자 나무꾼의 코가 작아졌어요. [ ]

3 나무꾼은 부자 영감에게 빨간 부채를 보여주며 자랑했어요. [ ]

📎 추측한 어휘 확인하기　　　어휘력 키우기

 다음 단어의 뜻과 비슷한 것에 체크하세요.

1 궁리했어요

　□ 정했어요　　　　　□ 고민했어요

2 환갑

　□ 1살　　　　　□ 61살

3 숨겨

　□ 보이지 않게　　　　　□ 매달아

어울리는 것을 찾아 줄로 이으세요.

1 땀을 •   • 길어졌어요

2 부채를 •   • 식혔어요

3 쭉쭉 •   • 부쳤어요

📎 생각대로 표현하기 표현력 키우기

 다음 빈칸에 들어갈 말을 자유롭게 써 보세요.

1 땀을 식힐 수 있는 좋은 방법이 있어요?

• 얼음을 가득 담은 차가운 물을 마시면서 **땀을 식혀요.**
• _____ **땀을 식혀요.**

2 혹시 무언가를 **숨긴** 적 있어요? 왜 **숨겼어요?**

• 엄마의 립스틱을 몰래 바르다가 엄마가 들어오시자 **숨겼어요.**
• _____ **숨겼어요.**

빨간 부채 파란 부채 | 두 번째 이야기

📎 생각하며 준비하기

사고력 키우기

 지난 이야기에서 나무꾼이 빨간 부채와 파란 부채를 부치자 어떻게 되었어요?

예: 노란 부채를 부치자 눈이 커졌어요.

 부자 영감의 길어진 코를 원래대로 되돌릴 수 있을까요?
자기 생각을 자유롭게 써 보세요.

빨간색으로 표시된 단어의 뜻을 생각하면서 다음 이야기를 읽어 보세요.

부자 영감의 코는 아무리 해도 줄어들지 않았어요. 그리하여 며칠 뒤 부자 영감은 코를 고쳐주는 사람에게 재산의 절반을 준다고 했습니다.

그 소식을 들은 나무꾼은 부자 영감의 집으로 찾아갔어요.

"제가 영감의 코를 고쳐 드리겠습니다."

"뭐라고? 어림없는 소리 말게나."

나무꾼은 눈을 감아 보라고 말하면서 파란 부채를 몰래 꺼내 살살 부쳤어요. 그러자 눈 깜짝할 사이에 부자 영감의 코가 원래대로 돌아왔어요.

부자 영감은 약속대로 나무꾼에게 재산의 절반을 주었고 나무꾼은 부자가 되었어요. 부자가 된 나무꾼은 매일 빈둥거리면서 빨간 부채를 부쳐 코를 늘렸다가 파란 부채로 코를 줄이면서 시간을 보냈어요.

어느 날 나무꾼은 빨간 부채로 코가 어디까지 길어지나 궁금해졌어요. 나무꾼이 빨간 부채를 계속해서 부치자 나무꾼의 코는 쭉쭉 늘어나 하늘나라까지 갔어요. 하느님이 매일 부채로 장난을 치는 나무꾼을 보고 화가 나서 하늘나라 나무에 나무꾼의 코

를 매어 버렸어요. 이것도 모른 채 나무꾼이 파란 부채를 부치자 코가 줄어 들며 나무꾼의 몸이 하늘 위로 봉 떠올랐어요. 그 순간 하느님이 꽁꽁 묶어 두었던 코를 풀어 버렸어요. 그러자 나무꾼은 땅으로 떨어지고 말았어요.

 이야기를 읽고 맞으면 O, 틀리면 X 하세요.

1 부자 영감은 자신의 코를 고쳐준 나무꾼에게 재산의 반을 주었어요. ☐

2 나무꾼은 부자가 된 이후 매일 열심히 일을 했어요. ☐

3 하느님은 나무꾼을 혼내주기 위해 하늘에서 내려왔어요. ☐

📎 추측한 어휘 확인하기   어휘력 키우기

 다음 단어의 뜻과 비슷한 것에 체크하세요.

1 어림없는 소리

☐ 말도 안 되는 소리   ☐ 신기한 소리

2 눈 깜짝할 사이

☐ 아주 긴 시간   ☐ 아주 짧은 시간

3 빈둥거리면서

☐ 바쁘게 움직이면서   ☐ 놀고 먹으면서

어울리는 것을 찾아 줄로 이으세요.

1 살살 • • 묶었어요

2 꽁꽁 • • 떠올랐어요

3 붕 • • 부쳤어요

 생각대로 표현하기   표현력 키우기

 어떤 말을 했을 때 엄마가 "어림없는 소리 하지 마!"라고 말씀하실까요?
빈칸에 들어갈 말을 자유롭게 써 보세요.

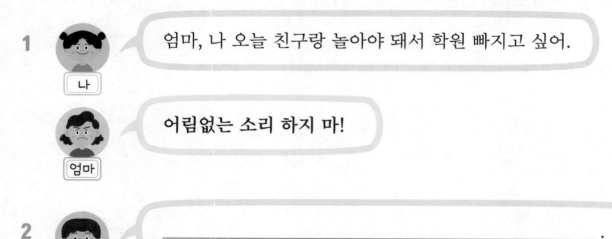

1 **나** — 엄마, 나 오늘 친구랑 놀아야 돼서 학원 빠지고 싶어.

   엄마 — 어림없는 소리 하지 마!

2 **나** — _____ .

   엄마 — 어림없는 소리 하지 마!

 ## 어휘 확인하기

 다음 단어를 보고 아는 것에 ✔ 표시하세요.

소금을 만드는 맷돌 1	소금을 만드는 맷돌 2	빨간 부채 파란 부채 1	빨간 부채 파란 부채 2
☐ 떠벌리다	☐ 한숨을 돌리다	☐ 땀을 식히다	☐ 어림없는 소리
☐ 당부하다	☐ 와르르	☐ 부채를 부치다	☐ 살살
☐ 계획을 짜다	☐ 덩실덩실	☐ 쭉쭉	☐ 눈 깜짝할 사이
☐ 기회를 엿보다	☐ 쩔쩔매다	☐ 궁리하다	☐ 빈둥거리다
☐ 살금살금	☐ 새파랗게 질리다	☐ 환갑	☐ 붕
☐ 샅샅이	☐ 짭조름하다	☐ 숨기다	☐ 꽁꽁

어휘 연습하기

소금을 만드는 맷돌 | 첫 번째 이야기

 다음 그림을 보고 빈칸에 들어갈 말을 쓰세요.

샅샅이	떠벌렸어요	당부했어요

1 친구가 나의 비밀을 다른 친구들에게 ☐☐☐☐☐ .

2 엄마가 밖에 나갔다가 들어오면 꼭 손을 씻으라고 ☐☐☐☐☐ .

3 예쁜 옷을 입고 나가고 싶어서 옷장을 ☐☐☐ 뒤졌어요 .

소금을 만드는 맷돌 | 두 번째 이야기

다음 그림을 보고 빈칸에 들어갈 말을 쓰세요.

쩔쩔맸어요	새파랗게 질렸어요	한숨을 돌렸어요

1 무서운 영화를 보고 동생의 얼굴이 ☐☐☐☐ ☐☐☐☐ .

2 물건을 사는데 깜빡하고 돈을 놓고 와서 ☐☐☐☐☐ .

3 길을 잃었다가 엄마를 만나서 ☐☐☐ ☐☐☐☐ .

빨간 부채 파란 부채 | 첫 번째 이야기

 다음 그림을 보고 빈칸에 들어갈 말을 쓰세요.

궁리했어요	환갑	숨겼어요

1 할아버지의 [ ][ ] 잔치에 갔더니 용돈을 주셨어요.

2 어려운 문제를 풀기 위해 이리저리 [ ][ ][ ][ ][ ].

3 몰래 만화책을 보고 있다가 선생님이 오셔서 재빨리 [ ][ ][ ][ ].

빨간 부채 파란 부채 | 두 번째 이야기

 다음 그림을 보고 빈칸에 들어갈 말을 쓰세요.

빈둥거렸어요	붕 떠올랐어요	눈 깜짝할 사이

1 주말에 하루 종일 집에서 [ ][ ][ ][ ][ ].

2 방학이 [ ][ ][ ][ ] [ ][ ] 에 끝나버려서 너무 아쉬워요.

3 튜브를 끼고 수영장에 들어가자 몸이 물 위로 [ ][ ][ ][ ][ ][ ].

4주차

어휘 미리보기

〈방귀 시합〉 & 〈호랑이와 곶감〉

1일차 | 방귀 시합 ①

제안하다   와장창

티격태격하다

싸움을 말리다

식은 죽 먹기

쉴 새 없이

공부한 날 ◯ 월 ◯ 일

2일차 | 방귀 시합 ②

빙글빙글   환호성

어깨가 으쓱해지다

너 나 할 것 없이

고개를 갸웃거리다   찧다

공부한 날 ◯ 월 ◯ 일

3일차 | 호랑이와 곶감 ①

어슬렁어슬렁

어리둥절하다

귀를 기울이다

서럽다

뚝

엿듣다

공부한 날 ◯ 월 ◯ 일

4일차 | 호랑이와 곶감 ②

짐작하다   겁에 질리다

후다닥

납작   쏜살같이

꼼짝할 수 없다

공부한 날 ◯ 월 ◯ 일

5일차 | 복습하기

공부한 날 ◯ 월 ◯ 일

4주차 1일 방귀 시합 | 첫 번째 이야기

 생각하며 준비하기

사고력 키우기

 방귀를 뀐 적이 있어요? 방귀를 뀔 때 어떤 소리가 났나요?
친구의 방귀와 내 방귀 중 누구의 방귀가 더 센 것 같아요?

___

 오늘 읽을 이야기의 장면이에요.
아래 그림을 보고 다음 단어를 사용해 이야기를 만들어 보세요.

방귀	뿌우웅	뀌다	절구통	솟아올랐어요

| | | 를 | | | | 뀌 | 자 | | |

| | | 이 | | | | | | . |

추측하며 읽어보기

빨간색으로 표시된 단어의 뜻을 생각하면서 다음 이야기를 읽어 보세요.

옛날 어느 마을에 방귀를 잘 뀌는 두 사람이 살고 있었어요. 한 사람은 키가 아주 큰 방귀쟁이고 다른 한 사람은 키가 아주 작은 방귀쟁이였어요. 두 사람이 방귀를 한 방이라도 뀌면 사과나무의 사과가 투두둑 떨어지고, 단단한 항아리가 와장창 깨졌어요. 두 사람은 만나기만 하면 서로 "내 방귀가 더세!"라고 말하며 티격태격했어요. 마을 사람들은 언제나 둘의 싸움을 말리기 바빴지요.

그러던 어느 날, 마을 사람들이 두 사람에게 방귀 시합을 제안했어요.

"누가 더 대단한 방귀쟁이인지 겨루어 보는 게 어때?"

두 사람은 대답했어요.

"좋아. 널 이기는 건 식은 죽 먹기지."

두 사람은 산을 사이에 두고 방귀로 커다란 절구통을 주고받기로 했어요. 먼저 키 큰 방귀쟁이가 절구통에 대고 방귀를 뿌우웅 뀌었어요. 그러자 키 작은 방귀쟁이가 "질 수 없지!" 하고 있는 힘을 다해 방귀를 빠아앙 뀌었어요.

"뿌웅! 뿡!"

"빠앙! 빵!"

두 사람은 서로 이기기 위해 쉴 새 없이 방귀를 뀌었어요. 그러나 밤이 깊어지고 아침이 올 때까지 두 사람의 방귀 시합은 끝나지 않았어요.

 이야기를 읽고 맞으면 O, 틀리면 X 하세요.

1 키가 큰 방귀쟁이는 키가 작은 방귀쟁이보다 방귀를 세게 뀌었어요.

2 두 방귀쟁이는 누가 더 대단한 방귀쟁이인지 겨루어 보기로 했어요.

3 밤이 깊어지고 아침이 오자 두 사람의 방귀 시합은 드디어 끝이 났어요.

추측한 어휘 확인하기　　　　어휘력 키우기

 다음 단어의 뜻과 비슷한 것에 체크하세요.

1 티격태격했어요

　　☐ 같이 놀았어요　　　☐ 싸웠어요

2 식은 죽 먹기지

　　☐ 쉬운 일이지　　　☐ 어려운 일이지

3 쉴 새 없이

　　☐ 계속　　　☐ 잠깐

어울리는 것을 찾아 줄로 이으세요.

1 와장창 • • 말렸어요

2 시합을 • • 깨졌어요

3 싸움을 • • 제안했어요

생각대로 표현하기

 다음 빈칸을 자유롭게 써 보세요.

1 친구

처음 만난 친구와 친해지는 건 식은 죽 먹기지.

나

_____ 식은 죽 먹기지.

2 친구

친구가 자꾸 방귀쟁이라고 놀려서 **티격태격했어요.**

 나

_____ 티격태격했어요.

74

방귀 시합 | 두 번째 이야기

생각하며 준비하기

사고력 키우기

 지난 이야기에서 두 방귀쟁이의 방귀 시합은 아침이 되어도 끝나지 않았어요.
누가 이길까요? 자유롭게 써 보세요.

 친구와 시합을 해 본 적이 있어요?
있다면 언제, 어떻게 겨루었는지 자유롭게 써 보세요.

빨간색으로 표시된 단어의 뜻을 생각하면서 다음 이야기를 읽어 보세요.

두 사람은 점점 지쳐 갔어요. 그때, 두 사람의 머릿속에 좋은 생각이 떠올랐어요.

'절구통을 하늘 높이 날려 보내야겠어!'

절구통이 산 한가운데를 지날 때였어요. 두 사람이 힘껏 방귀를 뀌자 '펑!' 하는 소리와 함께 절구통이 산꼭대기에서 빙글빙글 돌더니 하늘 높이 솟아올랐어요.

"우와! 대단한 방귀 실력이야!"

두 사람의 방귀 시합을 지켜보던 마을 사람들은 환호성을 질렀어요. 두 방귀쟁이는 어깨가 으쓱해졌어요.

높이 날아오른 절구통은 달나라에 '쿵' 하고 떨어졌어요. 달나라에 사는 토끼들이 놀라서 너 나 할 것 없이 뛰어왔어요.

"이게 뭐지?"

고개를 갸웃거리던 토끼들은 떨어진 물건이 절구통이라는 사실을 곧 알게 됐어요.

"우리에게 절구통이 생겼으니 이걸로 떡을 만들어 먹자!"

신난 토끼들은 절구통에 쌀을 넣고 쿵더쿵쿵더쿵 떡방아를 찧기 시작했어요.

그때부터 보름날 밤에 하늘을 올려다보면 절구통에 떡방아를 찧는 토끼들의 모습을 볼 수 있다고 해요.

 이야기를 읽고 맞으면 O, 틀리면 X 하세요.

1 두 방귀쟁이가 방귀를 뀌자 절구통이 하늘 높이 솟아올랐어요. 　　[　]

2 마을 사람들은 두 방귀쟁이의 실력에 샘이 났어요. 　　[　]

3 절구통이 생겨 신난 토끼들은 절구통에 쌀을 넣고 떡방아를 찧었어요. 　　[　]

📎 추측한 어휘 확인하기　　어휘력 키우기

 다음 단어의 뜻과 비슷한 것에 체크하세요.

1 어깨가 으쓱해졌어요

　□ 놀랐어요　　　　　　　　□ 자랑스러웠어요

2 너 나 할 것 없이

　□ 모두가　　　　　　　　□ 너랑 나 빼고

3 고개를 갸웃거렸어요

　□ 목이 아파서 고개를 움직였어요　□ 잘 몰라서 고개를 움직였어요

어울리는 것을 찾아 줄로 이으세요.

1 빙글빙글 •   • 질렀어요

2 환호성을 •   • 돌았어요

3 떡방아를 •   • 찧었어요

생각대로 표현하기

 다음 빈칸에 들어갈 말을 자유롭게 써 보세요.

1 칭찬을 들어서 **어깨가 으쓱해졌던** 적이 있어요? 언제 그랬어요?

    • 받아쓰기를 백 점 맞아 칭찬을 들어서 **어깨가 으쓱해졌던** 적이 있어요.
    • _____ **어깨가 으쓱해졌던** 적이 있어요.

2 언제 고개를 갸웃거려요?

    • 친구 이름이 기억이 안 나서 **고개를 갸웃거린** 적이 있어요.
    • _____ **고개를 갸웃거린** 적이 있어요.

호랑이와 곶감 | 첫 번째 이야기

 생각하며 준비하기 사고력 키우기

 어떨 때 울어요? 어떻게 하면 울음을 빨리 그칠 수 있어요?
자유롭게 써 보세요.

_____

 아래 그림을 보고 알맞은 대답을 찾아 빈칸을 채워 보세요.

| 울보 아이 | 호랑이 | 엄마 | 엿들었어요 |

추측하며 읽어보기

빨간색으로 표시된 단어의 뜻을 생각하면서 다음 이야기를 읽어 보세요.

옛날, 어느 마을에 울보 아이가 있었어요. 이 아기는 한번 울음을 터뜨리면 그칠 줄을 몰랐지요.

어느 날 밤이었어요. 어둑어둑해진 밤, 산에서 호랑이 한 마리가 아이의 집에 있는 소를 잡아먹으려고 어슬렁어슬렁 내려왔어요.

그때 호랑이는 "저기 호랑이 온다!"라고 말하는 엄마의 목소리를 들었어요.

'아니, 내가 왔다는 걸 어떻게 알았지?'

호랑이는 어리둥절해 하다가 아이와 엄마의 이야기에 귀를 기울이게 됐어요.

호랑이가 온다고 얘기해도 칭얼대면서 울음을 그치지 않는 아이에게 엄마는 "자꾸 울면 귀신이 온다!"라고 말했어요. 그래도 아이는 울음을 멈추지 않고 더 큰 소리로 엉엉 울었어요.

그때 엄마가 말했어요.

"아가, 엄마가 곶감 줄게."

그러자 서럽게 울던 아이가 울음을 뚝

그쳤어요. 그 소리를 엿들은 호랑이는 깜짝 놀랐어요.

　'내가 왔다고 해도 울음을 그치지 않던 아이가 단번에 울음을 그치다니! 곶감이라는 놈은 정말 무서운 놈이구나.'

 이야기를 읽고 맞으면 O, 틀리면 X 하세요.

1 호랑이는 아이와 엄마의 이야기를 들으려고 아이의 집에 왔어요. ☐

2 아이는 호랑이가 온 것을 알았지만 울음을 그치지 않았어요. ☐

3 아이는 곶감을 준다는 엄마의 말을 듣고 바로 울음을 그쳤어요. ☐

📎 추측한 어휘 확인하기   어휘력 키우기

 다음 단어의 뜻과 비슷한 것에 체크하세요.

1 어리둥절해 하다가

　　☐ 무슨 일인지 몰라 당황해 하다가　　☐ 무슨 일인지 이해하고 나서

2 귀를 기울이게 됐어요

　　☐ 대충 들었어요　　　　　　　　☐ 열심히 들었어요

3 엿들었어요

　　☐ 몰래 들었어요　　　　　　　　☐ 잘 들었어요

어울리는 것을 찾아 줄로 이으세요.

1 어슬렁어슬렁 •　　　　　　　　• 그쳤어요

2 서럽게 •　　　　　　　　• 내려왔어요

3 뚝 •　　　　　　　　• 울었어요

 ## 생각대로 표현하기

 다음 빈칸을 자유롭게 써 보세요.

1 친구

선생님 이야기가 너무 재미있어서 **귀를 기울이고** 들었어요.

나

_____ **귀를 기울이고** 들었어요.

2 친구

선생님이 괜찮다고 하면서 위로해 주셔서 **울음을 뚝** 그쳤어요.

나

_____ **울음을 뚝** 그쳤어요.

82

4주차 4일 호랑이와 곶감 | 두 번째 이야기

📎 **생각하며 준비하기**

 지난 이야기의 마지막 장면입니다.
호랑이가 무슨 생각을 했는지 기억해 보고 자유롭게 써 보세요.

 호랑이 등에 탄 남자는 누구일까요? 호랑이는 왜 힘껏 달리고 있을까요?

빨간색으로 표시된 단어의 뜻을 생각하면서 다음 이야기를 읽어 보세요.

　　호랑이는 곶감이 자신보다 더 무시무시한 것일 거라고 짐작했어요. 바로 그때 갑자기 호랑이의 등에 뭔가가 '쿵' 하고 떨어졌어요. 호랑이는 곶감이 자기를 덮친 줄 알고 겁에 질려서 후다닥 달아났어요.

　　그러나 호랑이의 등에 올라탄 것은 소도둑이었어요. 아이의 집에 소를 훔치러 왔다가 납작 엎드리고 있는 호랑이가 소인 줄 알고 그만 호랑이의 등에 올라탄 거지요.

　　호랑이는 곶감에게서 도망치려고 쏜살같이 달리기 시작했어요.

　　'빨리 달리면 아무리 무서운 곶감도 떨어져 나가겠지.'

　　한편 호랑이의 등에 탄 소도둑은 이상하게 생각했어요.

　　'웬 소가 이렇게 빨리 달리지?'

　　소도둑은 떨어지지 않으려고 호랑이의 목덜미를 더 세게 잡았어요.

　　어느덧 날이 밝았어요. 소도둑은 그제야 자기가 호랑이의 등에 탔다는 사실을 알고 바들바들 떨었어요. 무서워서 꼼짝할 수 없었던 소도둑은 호랑이가 커다란 나무 아래를 지나갈 때 나무 위로 올라갔답니다.

　　등이 가벼워진 호랑이는 생각했어요.

　　'휴 다행이다. 드디어 곶감이 떨어져 나갔구나.'

　　호랑이는 다시는 마을로 내려가지 않았답니다.

이야기를 읽고 맞으면 O, 틀리면 X 하세요.

1   호랑이는 곶감을 자기보다 더 무서운 것이라고 생각했어요. ☐

2   호랑이는 곶감이 빨리 먹고 싶어서 쏜살같이 달렸어요. ☐

3   소도둑은 자신이 호랑이 등에 탔단 것을 알고 바들바들 떨었어요. ☐

추측한 어휘 확인하기   어휘력 키우기

 다음 단어의 뜻과 비슷한 것에 체크하세요.

1   짐작했어요

    ☐ 미리 생각하고 준비했어요   ☐ 아마 그럴 거라고 생각했어요

2   꼼짝할 수 없었어요.

    ☐ 움직일 수 없었어요   ☐ 깜짝 놀랐어요

3   쏜살같이

    ☐ 아주 천천히   ☐ 아주 빠르게

어울리는 것을 찾아 줄로 이으세요.

1 후다닥 •   • 엎드렸어요

2 납작 •   • 질렸어요

3 겁에 •   • 달아났어요

📎 생각대로 표현하기

 다음 빈칸에 들어갈 말을 자유롭게 써 보세요.

1 무서워서 **꼼짝할 수 없던** 적이 있었어요? 언제 그랬어요?

> • 무서운 꿈을 꾸고 나서 **꼼짝할 수 없던** 적이 있었어요.
> • _____ **꼼짝할 수 없던** 적이 있었어요.

2 **쏜살같이** 달려 본 적이 있었어요? 언제 그랬어요?

> • 늦잠을 잔 날에 학교에 늦을까 봐 **쏜살같이** 달려 본 적이 있었어요.
> • _____ **쏜살같이** 달려 본 적이 있었어요.

4주차 5일 〈방귀 시합〉 & 〈호랑이와 곶감〉 복습하기

 어휘 확인하기

 다음 단어를 보고 아는 것에 ✔ 표시하세요.

방귀 시합 1	방귀 시합 2	호랑이와 곶감 1	호랑이와 곶감 2
☐ 제안하다	☐ 빙글빙글	☐ 어슬렁어슬렁	☐ 짐작하다
☐ 와장창	☐ 환호성	☐ 어리둥절하다	☐ 겁에 질리다
☐ 티격태격하다	☐ 어깨가 으쓱해지다	☐ 귀를 기울이다	☐ 후다닥
☐ 싸움을 말리다	☐ 너 나 할 것 없이	☐ 서럽다	☐ 납작
☐ 식은 죽 먹기	☐ 고개를 갸웃거리다	☐ 뚝	☐ 쏜살같이
☐ 쉴 새 없이	☐ 찧다	☐ 엿듣다	☐ 꼼짝할 수 없다

📎 어휘 연습하기

 다음 그림을 보고 빈칸에 들어갈 말을 쓰세요.

| 식은 죽 먹기예요 | 티격태격했어요 | 말렸어요 |

1 아침에 일찍 일어나는 건 ☐☐ ☐ ☐☐☐☐☐ .

2 친구 둘이 싸워서 제가 ☐☐☐☐ .

3 서로 예쁜 곰인형을 가지겠다고 ☐☐☐☐☐☐☐ .

 다음 그림을 보고 빈칸에 들어갈 말을 쓰세요.

| 환호성 | 너 나 할 것 없이 | 고개를 갸웃거렸어요 |

1 언니의 아름다운 피아노 연주가 끝나자 사람들은 ☐☐☐ 을 질렀어요.

2 선생님이 맛있는 과자를 나누어 주셔서 반 아이들은 ☐☐☐☐ ☐☐ 좋아했어요.

3 문제를 풀다가 모르는 단어가 나와서 ☐☐☐☐ ☐☐☐☐☐☐ .

88

다음 그림을 보고 빈칸에 들어갈 말을 쓰세요.

| 귀를 기울였어요 | 서럽게 | 어리둥절했어요 |

1 오빠에게 장난감을 뺏겨서 동생이 ☐☐☐ 울었어요.

2 친구가 흥미진진한 이야기를 해서 ☐☐ ☐☐☐☐☐ .

3 친구가 갑자기 화를 내고 가버려서 ☐☐☐☐☐☐☐ .

 다음 그림을 보고 빈칸에 들어갈 말을 쓰세요.

| 짐작했어요 | 겁에 질렸어요 | 쏜살같이 |

1 치과에서 이를 치료할 때 나는 소리를 듣고 ☐☐ ☐☐☐☐☐ .

2 친구가 울어서 뭔가 속상한 일이 있을 거라고 ☐☐☐☐ .

3 학교에 늦어서 ☐☐☐☐ 뛰어갔어요.

어휘 놀이

* 주사위를 던져 나온 숫자만큼 이동한 후 해당 칸의 질문에 답해 보세요.
* 배운 어휘들을 일상에 적용해 보면서 재미있게 복습해 보세요.

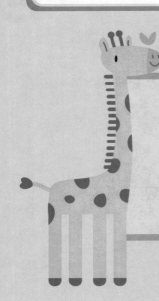

시작 ➡️

자고 있는
시늉을 해 보세요.

'쩔쩔매다'의 뜻을
설명해 보세요.

너무 서러워서 엉엉
운 적이 있어요?

너 나 할 것 없이
친구들이 모두 좋아하는
놀이가 뭐예요?

친구하고
티격태격하면서
다툰 적이 있어요?

'걸음아, 날 살려라'
하고 도망친 적이
있어요?

어떤 일을 잘해서 어깨가
으쓱해진 적이 있어요?

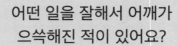

시작으로
가세요!

좋아하는 노래를
흥얼거려 보세요.

옆 사람에게 부채를
부쳐 주세요.

'살금살금', '바들바들'을 사용해서 문장을 만들어 보세요.

예) 수영장에서 추워서 바들바들 떨었어요.

부끄러워서 머뭇머뭇하며 인사를 못 한 적이 있어요?

'쏜살같이'는 무슨 뜻이에요?

여러분에게 '식은죽 먹기'처럼 쉬운 일은 뭐예요?

덩실덩실 춤을 추세요.

어떤 이야기를 들을 때 귀가 솔깃해져요?

<방귀시합> 이야기를 해 보세요.

<토끼전> 이야기를 해 보세요.

어떨 때 샘이 나요?

 도착

어휘 놀이

＊ 지금까지 배웠던 이야기 중에 가장 기억에 남는 이야기를 떠올려 보고, 이야기의 장면들을 자유롭게 그려 보세요.

정답과 해설

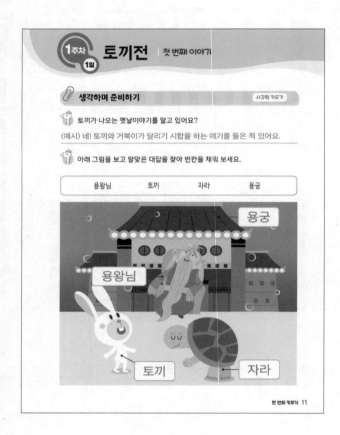

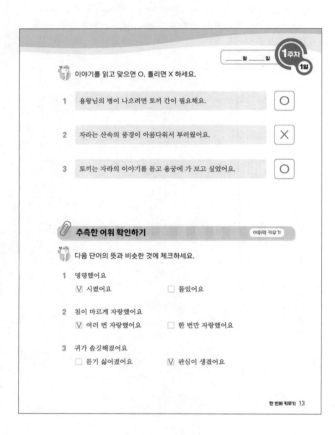

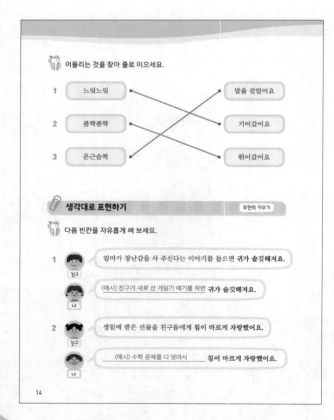

페이지 17

이야기를 읽고 맞으면 O, 틀리면 X 하세요.

1 토끼는 크고 화려한 용궁을 보고 놀랐어요. ⓞ

2 용왕님이 간을 내놓으라고 했지만 토끼는 무서워하지 않았어요. Ⓧ

3 자라는 간을 햇볕에 꺼내어 말린다는 토끼의 말을 믿었어요. ⓞ

추측한 어휘 확인하기 어휘력 키우기

다음 단어의 뜻과 비슷한 것에 체크하세요.

1 입이 딱 벌어졌어요
   ☑ 맛있어서 입이 벌어졌어요   ☐ 무서워서 입이 벌어졌어요

2 시늉을 하며
   ☑ 모습을 흉내 내며   ☐ 말을 하며

3 호통을 치며
   ☐ 칭찬을 하며   ☑ 큰 소리로 화를 내며

페이지 18

어울리는 것을 찾아 줄로 이으세요.

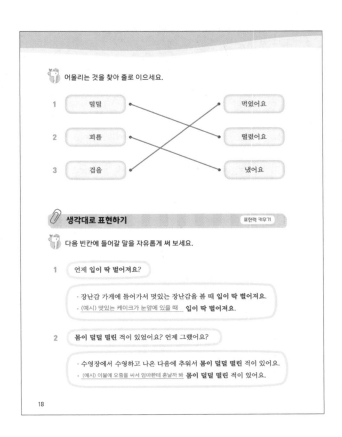

1 덜덜 — 먹었어요
2 꾀를 — 떨렸어요
3 겁을 — 냈어요

생각대로 표현하기 표현력 키우기

다음 빈칸에 들어갈 말을 자유롭게 써 보세요.

1 언제 입이 딱 벌어져요?

   · 장난감 가게에 들어가서 멋있는 장난감을 볼 때 입이 딱 벌어져요.
   · (예시) 맛있는 케이크가 눈앞에 있을 때 __ 입이 딱 벌어져요.

2 몸이 덜덜 떨린 적이 있었어요? 언제 그랬어요?

   · 수영장에서 수영하고 나온 다음에 추워서 몸이 덜덜 떨린 적이 있어요.
   · (예시) 이불에 오줌을 싸서 엄마한테 혼날까 봐 몸이 덜덜 떨린 적이 있어요.

18

페이지 19

혹부리 영감 첫 번째 이야기

생각하며 준비하기 사고력 키우기

아래 그림을 보고 알맞은 대답을 찾아 빈칸을 채워 보세요.

| 도깨비 | 혹 | 혹부리 영감 | 캄캄해요 |

도깨비
캄캄해요
혹부리 영감
혹

깊은 산 속에서 도깨비를 만난다면 어떻게 할 것 같아요?

잔뜩 겁이 나서 도망칠 것 같아요.

온몸이 얼어붙어서 가만히 서 있을 것 같아요.

(예시) 저는 용감하게 도깨비와 싸울 거예요.

페이지 21

이야기를 읽고 맞으면 O, 틀리면 X 하세요.

1 혹부리 영감은 소나기를 피하려고 낡은 집으로 들어갔어요. ⓞ

2 혹부리 영감은 너무 심심해서 노래를 부르기 시작했어요. Ⓧ

3 혹부리 영감은 노래를 부르다가 신나서 도깨비를 불렀어요. Ⓧ

추측한 어휘 확인하기 어휘력 키우기

다음 단어의 뜻과 비슷한 것에 체크하세요.

1 흥얼거리기 시작했어요
   ☑ 작은 소리로 노래했어요   ☐ 큰 소리로 노래했어요

2 밤이 소란스러웠어요
   ☐ 밤이 조용했어요   ☑ 밤이 시끄러웠어요

3 온몸이 얼어붙었어요
   ☑ 놀라서 움직일 수 없었어요   ☐ 아파서 움직일 수 없었어요

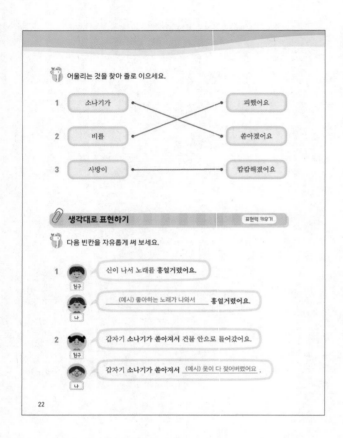

어울리는 것을 찾아 줄로 이으세요.

1 소나기가 — 쏟아졌어요
2 비를 — 피했어요
3 사방이 — 캄캄해졌어요

생각대로 표현하기　　표현력 키우기

다음 빈칸을 자유롭게 써 보세요.

1
친구: 신이 나서 노래를 흥얼거렸어요.
나: (예시) 좋아하는 노래가 나와서 흥얼거렸어요.

2
친구: 갑자기 소나기가 쏟아져서 건물 안으로 들어갔어요.
나: 갑자기 소나기가 쏟아져서 (예시) 옷이 다 젖어버렸어요.

22

생각하며 준비하기　　사고력 키우기

지난 이야기에서 읽은 내용을 아래 말을 사용해서 써 보세요.

혹부리 영감님　온몸이　겁이 나서　도깨비　얼어붙었어요

| 혹 | 부 | 리 | | 영 | 감 | 님 | 은 | | 도 | 깨 | 비 | 를 | | 보 | 고 |

| 겁 | 이 | | 나 | 서 | | 온 | 몸 | 이 | | 얼 | 어 | 붙 | 었 | 어 | 요 | . |

도깨비를 만난 혹부리 영감에게 앞으로 무슨 일이 일어날까요?
자유롭게 써 보세요.

(예시) 도깨비와 함께 신나게 놀았을 것 같아요.

한 번에 키우기 23

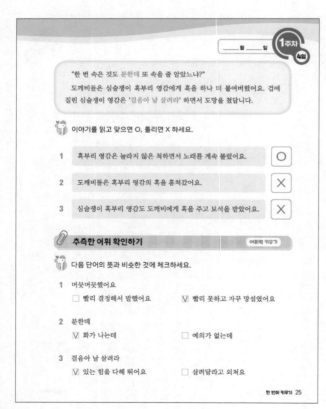

"한 번 속은 것도 분한데 또 속을 줄 알았느냐?"
도깨비들은 심술쟁이 혹부리 영감에게 혹을 하나 더 붙여버렸어요. 겁에 질린 심술쟁이 영감은 '걸음아 날 살려라' 하면서 도망을 쳤답니다.

이야기를 읽고 맞으면 O, 틀리면 X 하세요.

1 혹부리 영감은 놀라지 않은 척하면서 노래를 계속 불렀어요. ☐ O
2 도깨비들은 혹부리 영감의 혹을 훔쳐갔어요. ☐ X
3 심술쟁이 혹부리 영감도 도깨비에게 혹을 주고 보석을 받았어요. ☐ X

추측한 어휘 확인하기　　어휘력 키우기

다음 단어의 뜻과 비슷한 것에 체크하세요.

1 머뭇머뭇했어요
☐ 빨리 결정해서 말했어요　　☑ 빨리 못하고 자꾸 망설였어요

2 분한데
☑ 화가 나는데　　☐ 예의가 없는데

3 걸음아 날 살려라
☑ 있는 힘을 다해 뛰어요　　☐ 살려달라고 외쳤어요

한 번에 키우기 25

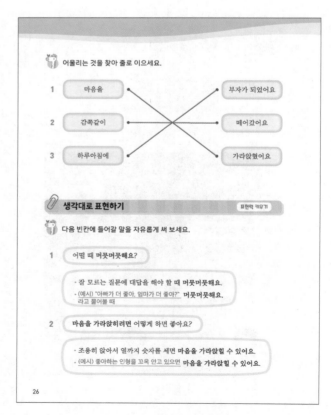

어울리는 것을 찾아 줄로 이으세요.

1 마음을 — 가라앉혔어요
2 감쪽같이 — 떼어갔어요
3 하루아침에 — 부자가 되었어요

생각대로 표현하기　　표현력 키우기

다음 빈칸에 들어갈 말을 자유롭게 써 보세요.

1 어떨 때 머뭇머뭇해요?
· 잘 모르는 질문에 대답을 해야 할 때 머뭇머뭇해요.
· (예시) "아빠가 더 좋아, 엄마가 더 좋아?" 머뭇머뭇해요. 라고 물어볼 때

2 마음을 가라앉히려면 어떻게 하면 좋아요?
· 조용히 앉아서 열까지 숫자를 세면 마음을 가라앉힐 수 있어요.
· (예시) 좋아하는 인형을 꼬옥 안고 있으면 마음을 가라앉힐 수 있어요.

26

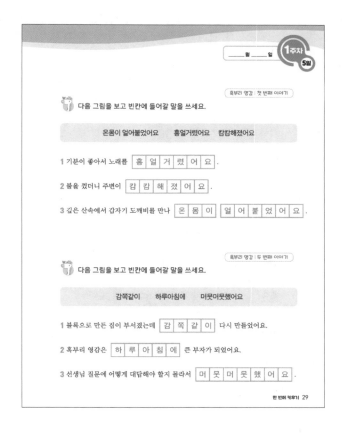
어휘 연습하기

토끼전 | 첫 번째 이야기

다음 그림을 보고 빈칸에 들어갈 말을 쓰세요.

침이 마르게 자랑했어요   은근슬쩍   귀가 솔깃해졌어요

1 거북이가 토끼에게 육지생활을 | 은 | 근 | 슬 | 쩍 | 물어봤어요.

2 아빠가 맛있는 음식을 사 주신다고 해서 | 귀 | 가 | 솔 | 깃 | 해 | 졌 | 어 | 요 |.

3 글짓기상을 받아서 친구들에게 | 침 | 이 | 마 | 르 | 게 | 자 | 랑 | 했 | 어 | 요 |

토끼전 | 두 번째 이야기

다음 그림을 보고 빈칸에 들어갈 말을 쓰세요.

시늉을 했어요   호통을 쳤어요   입이 딱 벌어졌어요

1 당근이 먹기 싫어서 먹는 | 시 | 늉 | 을 | 했 | 어 | 요 |.

2 놀이공원에 재미있는 놀이기구가 많아서 | 입 | 이 | 딱 | 벌 | 어 | 졌 | 어 | 요 |.

3 아이가 거짓말을 해서 선생님이 | 호 | 통 | 을 | 쳤 | 어 | 요 |.

28

어휘 연습하기

혹부리 영감 | 첫 번째 이야기

다음 그림을 보고 빈칸에 들어갈 말을 쓰세요.

온몸이 얼어붙었어요   흥얼거렸어요   캄캄해졌어요

1 기분이 좋아서 노래를 | 흥 | 얼 | 거 | 렸 | 어 | 요 |.

2 불을 껐더니 주변이 | 캄 | 캄 | 해 | 졌 | 어 | 요 |.

3 깊은 산속에서 갑자기 도깨비를 만나 | 온 | 몸 | 이 | 얼 | 어 | 붙 | 었 | 어 | 요 |.

혹부리 영감 | 두 번째 이야기

다음 그림을 보고 빈칸에 들어갈 말을 쓰세요.

감쪽같이   하루아침에   머뭇머뭇했어요

1 블록으로 만든 집이 부서졌는데 | 감 | 쪽 | 같 | 이 | 다시 만들었어요.

2 혹부리 영감은 | 하 | 루 | 아 | 침 | 에 | 큰 부자가 되었어요.

3 선생님 질문에 어떻게 대답해야 할지 몰라서 | 머 | 뭇 | 머 | 뭇 | 했 | 어 | 요 |.

한 번에 키우기 29

도깨비 방망이 | 첫 번째 이야기

생각하며 준비하기

사고력 키우기

도깨비 그림을 그려 보고 '도깨비' 하면 생각나는 말을 써 보세요.

<그림>   <생각나는 말>

(예시)
무섭다   귀엽다   이빨
뾰족한 뿔   커다랗다

아래 그림을 보고 알맞은 대답을 찾아 빈칸을 채워 보세요.

도깨비 방망이   두드리다   금은보화

도깨비 방망이

두드리다   금은보화

한 번에 키우기 31

이야기를 읽고 맞으면 O, 틀리면 X 하세요.

1 젊은이는 열매를 주우려고 산으로 갔어요. | X |

2 젊은이는 낡은 집에서 도깨비를 발견하고 재빠르게 도망쳤어요. | X |

3 도깨비들이 노래하면서 방망이를 내리칠 때마다 금은보화가 쏟아졌어요. | O |

추측한 어휘 확인하기

어휘력 키우기

다음 단어의 뜻과 비슷한 것에 체크하세요.

1 넉넉하게
   [V] 적지 않게   [ ] 조금만

2 시끌시끌한
   [ ] 조용한   [V] 소란스러운

3 눈이 동그래졌어요
   [V] 놀라서 눈이 커졌어요   [ ] 눈을 찡그렸어요

한 번에 키우기 33

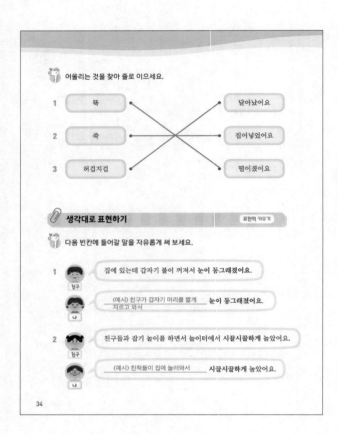

어울리는 것을 찾아 줄로 이으세요.

1 뚝
2 쏙
3 허겁지겁

달아났어요
집어넣었어요
떨어졌어요

생각대로 표현하기 〔표현력 키우기〕

다음 빈칸에 들어갈 말을 자유롭게 써 보세요.

1 친구: 집에 있는데 갑자기 불이 꺼져서 눈이 동그래졌어요.
나: (예시) 친구가 갑자기 머리를 짧게 자르고 와서 눈이 동그래졌어요.

2 친구: 친구들과 잠기 놀이를 하면서 놀이터에서 시끌시끌하게 놀았어요.
나: (예시) 친척들이 집에 놀러와서 시끌시끌하게 놀았어요.

34

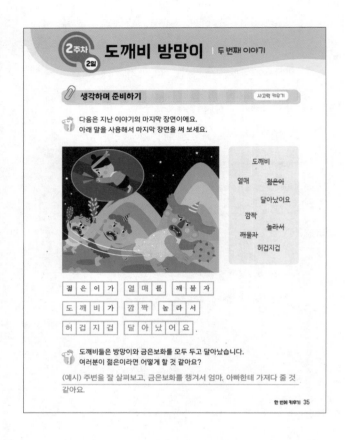

2주차 **2일** **도깨비 방망이** | 두 번째 이야기

생각하며 준비하기 〔사고력 키우기〕

다음은 지난 이야기의 마지막 장면이에요.
아래 말을 사용해서 마지막 장면을 써 보세요.

도깨비
열매 젊은이
달아났어요
깜짝
놀라서
깨물자
허겁지겁

젊	은	이	가		열	매	를		깨	물	자
도	깨	비	가		깜	짝		놀	라	서	
허	겁	지	겁		달	아	났	어	요	.	

도깨비들은 방망이와 금은보화를 모두 두고 달아났습니다.
여러분이 젊은이라면 어떻게 할 것 같아요?

(예시) 주변을 잘 살펴보고, 금은보화를 챙겨서 엄마, 아빠한테 가져다 줄 것
같아요.

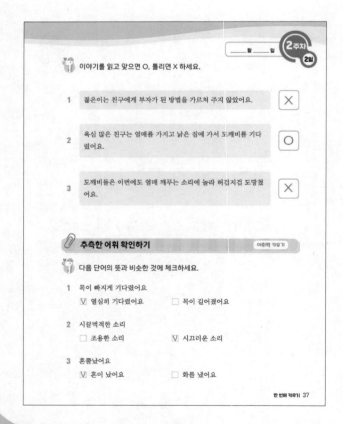

2주차 **2일** ___월 ___일

이야기를 읽고 맞으면 O, 틀리면 X 하세요.

1 젊은이는 친구에게 부자가 된 방법을 가르쳐 주지 않았어요. [X]

2 욕심 많은 친구는 열매를 가지고 낡은 집에 가서 도깨비를 기다렸어요. [O]

3 도깨비들은 이번에도 열매 깨무는 소리에 놀라 허겁지겁 도망쳤어요. [X]

추측한 어휘 확인하기 〔어휘력 키우기〕

다음 단어의 뜻과 비슷한 것에 체크하세요.

1 목이 빠지게 기다렸어요
[V] 열심히 기다렸어요   [ ] 목이 길어졌어요

2 시끌벅적한 소리
[ ] 조용한 소리   [V] 시끄러운 소리

3 혼쭐났어요
[V] 혼이 났어요   [ ] 화를 냈어요

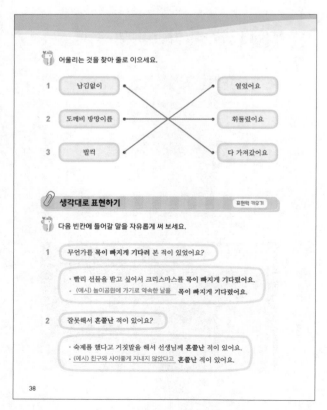

어울리는 것을 찾아 줄로 이으세요.

1 남김없이
2 도깨비 방망이를
3 벌컥

열었어요
휘둘렀어요
다 가져갔어요

생각대로 표현하기 〔표현력 키우기〕

다음 빈칸에 들어갈 말을 자유롭게 써 보세요.

1 무언가를 목이 빠지게 기다려 본 적이 있었어요?
• 빨리 선물을 받고 싶어서 크리스마스를 목이 빠지게 기다렸어요.
• (예시) 놀이공원에 가기로 약속한 날을 목이 빠지게 기다렸어요.

2 잘못해서 혼쭐난 적이 있어요?
• 숙제를 했다고 거짓말을 해서 선생님께 혼쭐난 적이 있어요.
• (예시) 친구와 사이좋게 지내지 않았다고 혼쭐난 적이 있어요.

38

2주차 3일 송아지와 바꾼 무 | 첫 번째 이야기

🖇 생각하며 준비하기 　　　　　　　사고력 키우기

🐿 가지고 있는 물건 중에서 가장 소중한 물건을 써 보세요.

(예시) 그림일기장

🐿 그 물건이 왜 소중해요?

(예시) 그걸 보면 좋았던 기억이 새록새록 떠올라요.

🐿 아래 그림을 보고 알맞은 대답을 찾아 빈칸을 채워 보세요.

| 어린아이만 한 무 | 농부 | 원님 | 송아지 |

어린아이만 한 무

농부

원님

송아지

🐿 이야기를 읽고 맞으면 O, 틀리면 X 하세요.

1 부부가 정성껏 돌본 무는 어린아이 크기만큼 자랐어요.　　O

2 무가 너무 커서 원님과 나눠 먹으려고 원님께 찾아갔어요.　　X

3 무를 본 원님은 부부를 칭찬하고 선물을 주었어요.　　O

🖇 추측한 어휘 확인하기 　　　　　　어휘력 키우기

🐿 다음 단어의 뜻과 비슷한 것에 체크하세요.

1 어깨가 들썩들썩했어요
　☑ 신이 나서 어깨춤을 췄어요　　　☐ 이상해서 어깨를 으쓱했어요

2 두 사람이 힘을 모아
　☐ 두 사람이 따로따로　　　☑ 두 사람이 함께

3 귀한 무
　☐ 보통 모양의 무　　　☑ 특별한 무

🐿 어울리는 것을 찾아 줄로 이으세요.

1 쑥쑥　　　　　　　생각했어요

2 곰곰이　　　　　　절을 했어요

3 넙죽　　　　　　자랐어요

🖇 생각대로 표현하기 　　　　　　　표현력 키우기

🐿 다음 빈칸을 자유롭게 써 보세요.

1 친구 : 친구들과 힘을 모아 블록으로 집을 만들어 본 적이 있어요.

　나 : 친구들과 힘을 모아 (예시) 무거운 물건을 옮겼어요.

2 친구 : 신나는 노래를 들으니 어깨가 들썩들썩했어요.

　나 : (예시) 선생님이 칭찬을 해주셔서 어깨가 들썩들썩했어요.

42

2주차 4일 송아지와 바꾼 무 | 두 번째 이야기

🖇 생각하며 준비하기 　　　　　　　사고력 키우기

🐿 친구에게 샘이 난 적이 있었어요? 언제 샘이 났어요?

(예시) 엄마가 친구한테 내 것보다 더 큰 과자를 주셨을 때 샘이 났어요.

🐿 이웃집 욕심쟁이 농부는 착한 부부의 이야기를 듣고 샘이 났습니다.
욕심쟁이 농부가 어떻게 할지 써 보세요.

(예시) 욕심쟁이 농부가 착한 부부보다 훨씬 더 큰 무를 들고 올 것 같아요.

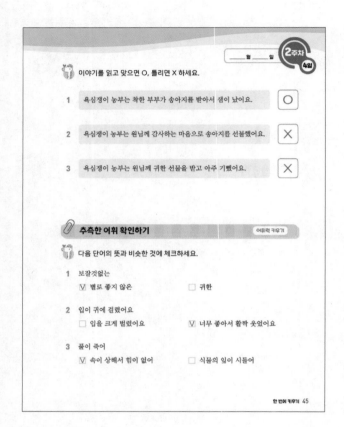

이야기를 읽고 맞으면 O, 틀리면 X 하세요.

1 욕심쟁이 농부가 착한 부부가 송아지를 받아서 샘이 났어요.   O

2 욕심쟁이 농부는 원님께 감사하는 마음으로 송아지를 선물했어요.   X

3 욕심쟁이 농부는 원님께 귀한 선물을 받고 아주 기뻤어요.   X

추측한 어휘 확인하기   어휘력 키우기

다음 단어의 뜻과 비슷한 것에 체크하세요.

1 보잘것없는
   ☑ 별로 좋지 않은   ☐ 귀한

2 입이 귀에 걸렸어요
   ☐ 입을 크게 벌렸어요   ☑ 너무 좋아서 활짝 웃었어요

3 풀이 죽어
   ☑ 속이 상해서 힘이 없어   ☐ 식물의 잎이 시들어

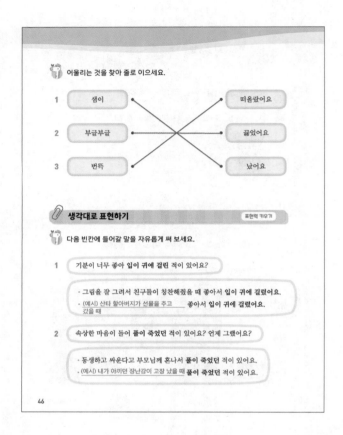

어울리는 것을 찾아 줄로 이으세요.

1 샘이 ────── 떠올랐어요

2 부글부글 ────── 끓었어요

3 번뜩 ────── 났어요

생각대로 표현하기   표현력 키우기

다음 빈칸에 들어갈 말을 자유롭게 써 보세요.

1 기분이 너무 좋아 입이 귀에 걸린 적이 있어요?

   • 그림을 잘 그려서 친구들이 칭찬해줬을 때 좋아서 입이 귀에 걸렸어요.
   • (예시) 산타 할아버지가 선물을 주고 ___ 좋아서 입이 귀에 걸렸어요.
     갔을 때

2 속상한 마음이 들어 풀이 죽었던 적이 있어요? 언제 그랬어요?

   • 동생하고 싸운다고 부모님께 혼나서 풀이 죽었던 적이 있어요.
   • (예시) 내가 아끼던 장난감이 고장 났을 때 풀이 죽었던 적이 있어요.

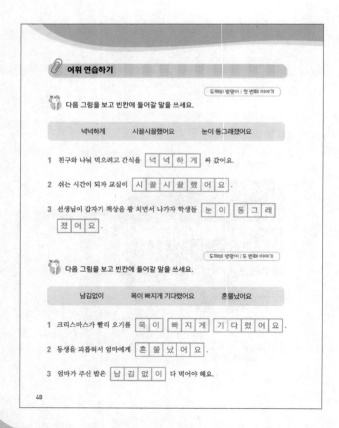

어휘 연습하기

도깨비 방망이 | 첫 번째 이야기

다음 그림을 보고 빈칸에 들어갈 말을 쓰세요.

   넉넉하게   시끌시끌했어요   눈이 동그래졌어요

1 친구와 나눠 먹으려고 간식을 넉 넉 하 게 싸 갔어요.

2 쉬는 시간이 되자 교실이 시 끌 시 끌 했 어 요.

3 선생님이 갑자기 책상을 꽝 치면서 나가자 학생들 눈 이 동 그 래 졌 어 요.

도깨비 방망이 | 두 번째 이야기

다음 그림을 보고 빈칸에 들어갈 말을 쓰세요.

   남김없이   목이 빠지게 기다렸어요   혼쭐났어요

1 크리스마스가 빨리 오기를 목 이 빠 지 게 기 다 렸 어 요.

2 동생을 괴롭혀서 엄마에게 혼 쭐 났 어 요.

3 엄마가 주신 밥은 남 김 없 이 다 먹어야 해요.

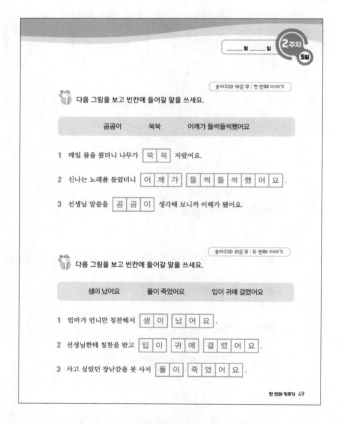

송아지와 바꾼 무 | 첫 번째 이야기

다음 그림을 보고 빈칸에 들어갈 말을 쓰세요.

   곰곰이   쑥쑥   어깨가 들썩들썩했어요

1 매일 물을 줬더니 나무가 쑥 쑥 자랐어요.

2 신나는 노래를 들었더니 어 깨 가 들 썩 들 썩 했 어 요.

3 선생님 말씀을 곰 곰 이 생각해 보니까 이해가 됐어요.

송아지와 바꾼 무 | 두 번째 이야기

다음 그림을 보고 빈칸에 들어갈 말을 쓰세요.

   샘이 났어요   풀이 죽었어요   입이 귀에 걸렸어요

1 엄마가 언니만 칭찬해서 샘 이 났 어 요.

2 선생님한테 칭찬을 받고 입 이 귀 에 걸 렸 어 요.

3 사고 싶었던 장난감을 못 사서 풀 이 죽 었 어 요.

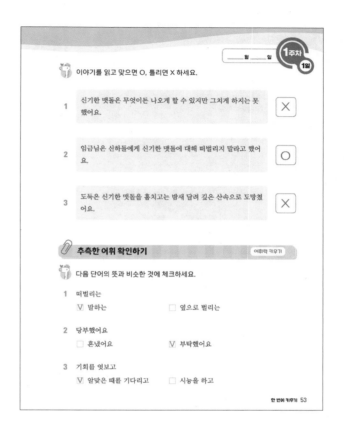

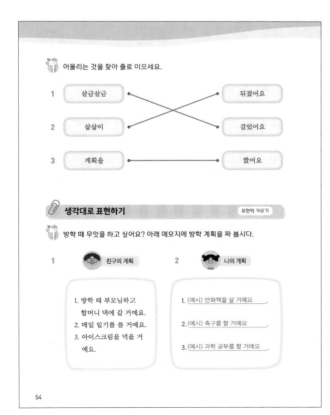

가라앉았지요.

왜 바닷물이 짭조름한지 알아요? 그때 가라앉은 맷돌이 계속 소금을 만들기 때문이라고 해요.

이야기를 읽고 맞으면 O, 틀리면 X 하세요.

1 도둑이 가져온 맷돌은 신기한 맷돌이 아니었어요. ☒

2 도둑은 주문을 걸어 소금이 나오는 걸 멈추게 했어요. ☒

3 소금 때문에 무거워져서 배가 가라앉았어요. ☑ O

추측한 어휘 확인하기 어휘력 키우기

다음 단어의 뜻과 비슷한 것에 체크하세요.

1 한숨을 돌렸어요
　□ 마음이 불편해졌어요　　☑ 마음이 편해졌어요

2 쩔쩔매며
　☑ 어쩔 줄 몰라 하며　　□ 덜덜 떨며

3 짭조름해요
　☑ 짜요　　□ 미끄러워요

어울리는 것을 찾아 줄로 이으세요.

1 덩실덩실　　　쏟아졌어요
2 와르르　　　질렸어요
3 새파랗게　　　춤을 추었어요

생각대로 표현하기 표현력 키우기

다음 빈칸에 들어갈 말을 자유롭게 써 보세요.

1 쩔쩔맨 적이 있나요? 있다면 언제였어요?
　· 오줌이 마려운데 화장실 문이 잠겨 있었을 때 쩔쩔맨 적이 있어요.
　· (예시) 친구에게 빌린 물건이 망가졌을 때 쩔쩔맨 적이 있어요.

2 무서워서 얼굴이 새파랗게 질렸던 적이 있어요?
　· 무서운 이야기를 듣고 얼굴이 새파랗게 질렸어요.
　· (예시) 길을 가다가 커다란 개가 갑자기 다가와서 얼굴이 새파랗게 질렸어요.

빨간 부채 파란 부채　첫 번째 이야기

생각하며 준비하기 사고력 키우기

아래 그림을 보고 알맞은 대답을 찾아 빈칸을 채워 보세요.

| 누웠어요 | 부쳤어요 | 그늘 | 부채 |

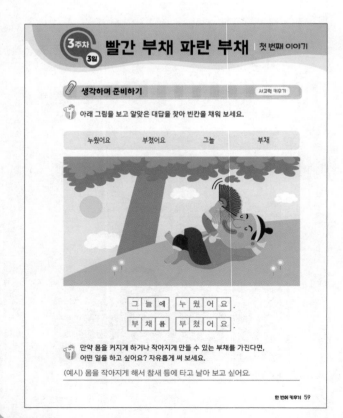

그 늘 에 누 웠 어 요 .

부 채 를 부 쳤 어 요 .

만약 몸을 커지게 하거나 작아지게 만들 수 있는 부채를 가진다면, 어떤 일을 하고 싶어요? 자유롭게 써 보세요.

(예시) 몸을 작아지게 해서 참새 등에 타고 날아 보고 싶어요

코를 고쳐주는 사람에게 상금을 주겠다고 했지만 영감의 코를 고쳐줄 수 있는 사람은 아무도 없었어요.

이야기를 읽고 맞으면 O, 틀리면 X 하세요.

1 나무꾼은 그늘에 누워 쉬고 있을 때 부채들을 발견했어요. ☑ O

2 나무꾼이 빨간 부채를 꺼내 부치자 나무꾼의 코가 작아졌어요. ☒

3 나무꾼은 부자 영감에게 빨간 부채를 보여주며 자랑했어요. ☒

추측한 어휘 확인하기 어휘력 키우기

다음 단어의 뜻과 비슷한 것에 체크하세요.

1 궁리했어요
　□ 정했어요　　☑ 고민했어요

2 환갑
　□ 1살　　☑ 61살

3 숨겨
　☑ 보이지 않게　　□ 매달아

Panel 1 (page 62)

어울리는 것을 찾아 줄로 이으세요.

1 땀을 — 부쳤어요

2 부채를 — 길어졌어요

3 쭉쭉 — 식혔어요

📎 생각대로 표현하기   표현력 키우기

다음 빈칸에 들어갈 말을 자유롭게 써 보세요.

1 땀을 식힐 수 있는 좋은 방법이 있어요?

· 얼음을 가득 담은 차가운 물을 마시면서 **땀을** 식혀요.
· (예시) 맛있는 아이스크림을 먹으면서 **땀을** 식혀요.

2 혹시 무언가를 숨긴 적 있어요? 왜 숨겼어요?

· 엄마의 립스틱을 몰래 바르다가 엄마가 들어오시자 숨겼어요.
· (예시) 친구를 깜짝 놀라게 하려고 사놓은 선물을 **숨겼어요.**

62

Panel 2 (page 63)

3주차 4일 빨간 부채 파란 부채   두 번째 이야기

📎 생각하며 준비하기   사고력 키우기

지난 이야기에서 나무꾼이 빨간 부채와 파란 부채를 부치자 어떻게 되었어요?

> 예: 노란 부채를 부치자 눈이 커졌어요.

(예시) 빨간 부채를 부치자 코가 길어졌어요.

(예시) 파란 부채를 부치자 코가 원래대로 돌아왔어요.
(줄어들었어요, 짧아졌어요 등)

부자 영감의 길어진 코를 원래대로 되돌릴 수 있을까요?
자기 생각을 자유롭게 써 보세요.

(예시) 나무꾼이 부자 영감을 놀리려고 부채를 안 부쳐줘서 원래대로
못 돌아올 것 같아요.

한 번에 키우기 63

Panel 3 (page 65)

___월 ___일   3주차 4일

를 매어 버렸어요. 이것도 모른 채 나무꾼이 파란 부채를 부치자 코가 줄어
들며 나무꾼의 몸이 하늘 위로 붕 떠올랐어요. 그 순간 하느님이 꽁꽁 묶어
두었던 코를 풀어 버렸어요. 그러자 나무꾼은 땅으로 떨어지고 말았어요.

이야기를 읽고 맞으면 O, 틀리면 X 하세요.

1 부자 영감은 자신의 코를 고쳐준 나무꾼에게 재산의 반을 주었어요. ☐ O

2 나무꾼은 부자가 된 이후 매일 열심히 일을 했어요. ☐ X

3 하느님은 나무꾼을 혼내주기 위해 하늘에서 내려왔어요. ☐ X

📎 추측한 어휘 확인하기   어휘력 키우기

다음 단어의 뜻과 비슷한 것에 체크하세요.

1 어림없는 소리
　☑ 말도 안 되는 소리   ☐ 신기한 소리

2 눈 깜짝할 사이
　☐ 아주 긴 시간   ☑ 아주 짧은 시간

3 빈둥거리면서
　☐ 바쁘게 움직이면서   ☑ 놀고 먹으면서

한 번에 키우기 65

Panel 4 (page 66)

어울리는 것을 찾아 줄로 이으세요.

1 살살 — 떠올랐어요

2 꽁꽁 — 부쳤어요

3 붕 — 묶었어요

📎 생각대로 표현하기   표현력 키우기

어떤 말을 했을 때 엄마가 "어림없는 소리 하지 마!"라고 말씀하실까요?
빈칸에 들어갈 말을 자유롭게 써 보세요.

1 나: 엄마, 나 오늘 친구랑 놀아야 돼서 학원 빠지고 싶어.

엄마: 어림없는 소리 하지 마!

2 나: (예시) 엄마, 나 밥 대신 아이스크림 먹을래 .

엄마: 어림없는 소리 하지 마!

66

한 번에 키우기 103

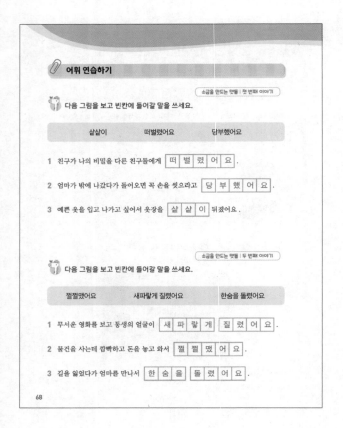

어휘 연습하기

소금을 만드는 맷돌 | 첫 번째 이야기

다음 그림을 보고 빈칸에 들어갈 말을 쓰세요.

살살이	떠벌렸어요	당부했어요

1 친구가 나의 비밀을 다른 친구들에게 떠 벌 렸 어 요 .

2 엄마가 밖에 나갔다가 들어오면 꼭 손을 씻으라고 당 부 했 어 요 .

3 예쁜 옷을 입고 나가고 싶어서 옷장을 살 살 이 뒤졌어요.

소금을 만드는 맷돌 | 두 번째 이야기

다음 그림을 보고 빈칸에 들어갈 말을 쓰세요.

쩔쩔맸어요	새파랗게 질렸어요	한숨을 돌렸어요

1 무서운 영화를 보고 동생의 얼굴이 새 파 랗 게 질 렸 어 요 .

2 물건을 사는데 깜빡하고 돈을 놓고 와서 쩔 쩔 맸 어 요 .

3 길을 잃었다가 엄마를 만나서 한 숨 을 돌 렸 어 요 .

68

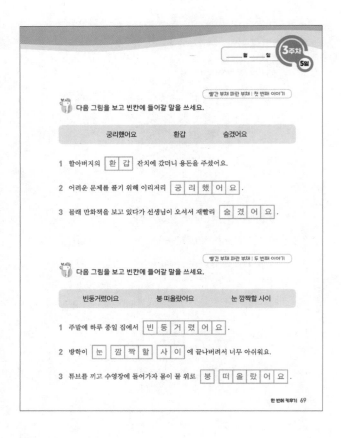

빨간 부채 파란 부채 | 첫 번째 이야기

다음 그림을 보고 빈칸에 들어갈 말을 쓰세요.

궁리했어요	환갑	숨겼어요

1 할아버지의 환 갑 잔치에 갔더니 용돈을 주셨어요.

2 어려운 문제를 풀기 위해 이리저리 궁 리 했 어 요 .

3 몰래 만화책을 보고 있다가 선생님이 오셔서 재빨리 숨 겼 어 요 .

빨간 부채 파란 부채 | 두 번째 이야기

다음 그림을 보고 빈칸에 들어갈 말을 쓰세요.

빈둥거렸어요	붕 떠올랐어요	눈 깜짝할 사이

1 주말에 하루 종일 집에서 빈 둥 거 렸 어 요 .

2 방학이 눈 깜 짝 할 사 이 에 끝나버려서 너무 아쉬워요.

3 튜브를 끼고 수영장에 들어가자 몸이 물 위로 붕 떠 올 랐 어 요 .

방귀 시합 | 첫 번째 이야기

생각하며 준비하기

사고력 키우기

방귀를 뀐 적이 있어요? 방귀를 뀔 때 어떤 소리가 났나요?
친구의 방귀와 내 방귀 중 누구의 방귀가 더 센 것 같아요?

(예시) 뿡, 뿌지직, 펑... 그때그때 달라요! 내가 훨씬 더 세요!

오늘 읽을 이야기의 장면이에요.
아래 그림을 보고 다음 단어를 사용해 이야기를 만들어 보세요.

방귀	뿌우웅	뀌다	절구통	솟아올랐어요

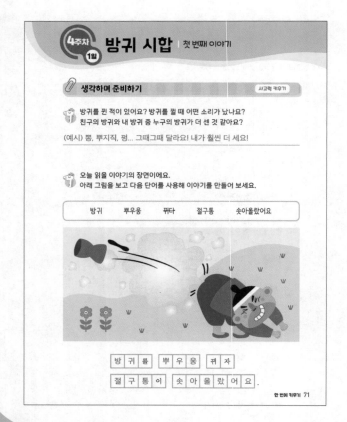

방 귀 를 뿌 우 웅 뀌 자

절 구 통 이 솟 아 올 랐 어 요 .

"빠앙! 빵!"
두 사람은 서로 이기기 위해 쉴 새 없이 방귀를 뀌었어요. 그러나 밤이 깊어지고 아침이 올 때까지 두 사람의 방귀 시합은 끝나지 않았어요.

이야기를 읽고 맞으면 O, 틀리면 X 하세요.

1 키가 큰 방귀쟁이는 키가 작은 방귀쟁이보다 방귀를 세게 뀌었어요. ❌

2 두 방귀쟁이는 누가 더 대단한 방귀쟁이인지 겨루어 보기로 했어요. ⭕

3 밤이 깊어지고 아침이 오자 두 사람의 방귀 시합은 드디어 끝이 났어요. ❌

추측한 어휘 확인하기

어휘력 키우기

다음 단어의 뜻과 비슷한 것에 체크하세요.

1 티격태격했어요
 ☐ 같이 놀았어요   ☑ 싸웠어요

2 식은 죽 먹기지
 ☑ 쉬운 일이지   ☐ 어려운 일이지

3 쉴 새 없이
 ☑ 계속   ☐ 잠깐

104

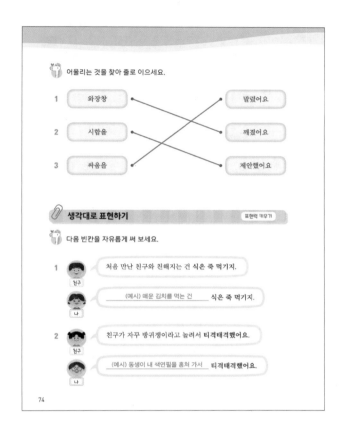

어울리는 것을 찾아 줄로 이으세요.

1 와장창 ——— 말렸어요
2 시합을 ——— 깨졌어요
3 싸움을 ——— 제안했어요

생각대로 표현하기 〔표현력 키우기〕

다음 빈칸을 자유롭게 써 보세요.

1
친구: 처음 만난 친구와 친해지는 건 식은 죽 먹기지.
나: (예시) 매운 김치를 먹는 건 ___ 식은 죽 먹기지.

2
친구: 친구가 자꾸 방귀쟁이라고 놀려서 **티격태격했어요.**
나: (예시) 동생이 내 색연필을 훔쳐 가서 ___ **티격태격했어요.**

74

4주차 2일 방귀 시합 | 두 번째 이야기

생각하며 준비하기 〔사고력 키우기〕

지난 이야기에서 두 방귀쟁이의 방귀 시합은 아침이 되어도 끝나지 않았어요. 누가 이길까요? 자유롭게 써 보세요.

(예시) 마을 사람들이 이제 그만하라고 말려서 둘 다 비길 것 같아요.

친구와 시합을 해 본 적이 있어요? 있다면 언제, 어떻게 겨루었는지 자유롭게 써 보세요.

(예시) 체육대회 때 친구랑 달리기 시합을 했는데 제가 이겼어요.

한 번에 키우기 75

월 ___ 일 **4주차 2일**

신난 토끼들은 절구통에 쌀을 넣고 쿵더쿵쿵더쿵 떡방아를 찧기 시작했어요. 그때부터 보름날 밤에 하늘을 올려다보면 절구통에 떡방아를 찧는 토끼들의 모습을 볼 수 있다고 해요.

이야기를 읽고 맞으면 O, 틀리면 X 하세요.

1 두 방귀쟁이가 방귀를 뀌자 절구통이 하늘 높이 솟아올랐어요. 〔O〕
2 마을 사람들은 두 방귀쟁이의 실력에 샘이 났어요. 〔X〕
3 절구통이 생겨 신난 토끼들은 절구통에 쌀을 넣고 떡방아를 찧었어요. 〔O〕

추측한 어휘 확인하기 〔어휘력 키우기〕

다음 단어의 뜻과 비슷한 것에 체크하세요.

1 어깨가 으쓱해졌어요
　☐ 놀랐어요　　　　☑ 자랑스러웠어요

2 너 나 할 것 없이
　☑ 모두가　　　　☐ 너랑 나 빼고

3 고개를 갸웃거렸어요
　☐ 목이 아파서 고개를 움직였어요　　☑ 잘 몰라서 고개를 움직였어요

한 번에 키우기 77

어울리는 것을 찾아 줄로 이으세요.

1 빙글빙글 ——— 질렀어요
2 환호성을 ——— 돌았어요
3 떡방아를 ——— 찧었어요

생각대로 표현하기 〔표현력 키우기〕

다음 빈칸에 들어갈 말을 자유롭게 써 보세요.

1 칭찬을 들어서 **어깨가 으쓱해졌던** 적이 있어요? 언제 그랬어요?
　- 받아쓰기를 백 점 맞아 칭찬을 들어서 **어깨가 으쓱해졌던** 적이 있어요.
　- (예시) 아빠가 내가 세상에서 제일 ___ **어깨가 으쓱해졌던** 적이 있어요. 멋지다고 해서

2 언제 **고개를 갸웃거려요?**
　- 친구 이름이 기억이 안 나서 **고개를 갸웃거린** 적이 있어요.
　- (예시) 짝꿍이 오늘 학교에 안 나와서 ___ **고개를 갸웃거린** 적이 있어요.

78

호랑이와 곶감 | 첫 번째 이야기

생각하며 준비하기

사고력 키우기

🐯 어떨 때 울어요? 어떻게 하면 울음을 빨리 그칠 수 있어요?
자유롭게 써 보세요.

(예시) 엄마한테 혼났을 때 울었어요. 그런데 엄마가 안아주니까 괜찮아졌어요.

🐯 아래 그림을 보고 알맞은 대답을 찾아 빈칸을 채워 보세요.

울보 아이	호랑이	엄마	엿들었어요

울보 아이 / 엿들었어요 / 엄마 / 호랑이

그쳤어요. 그 소리를 엿들은 호랑이는 깜짝 놀랐어요.
'내가 왔다고 해도 울음을 그치지 않던 아이가 단번에 울음을 그치다니!
곶감이라는 놈은 정말 무서운 놈이구나.'

🐯 이야기를 읽고 맞으면 O, 틀리면 X 하세요.

1 호랑이는 아이와 엄마의 이야기를 들으려고 아이의 집에 왔어요. [X]

2 아이는 호랑이가 온 것을 알았지만 울음을 그치지 않았어요. [X]

3 아이는 곶감을 준다는 엄마의 말을 듣고 바로 울음을 그쳤어요. [O]

추측한 어휘 확인하기

어휘력 키우기

🐯 다음 단어의 뜻과 비슷한 것에 체크하세요.

1 어리둥절해 하다가
[V] 무슨 일인지 몰라 당황해 하다가   [ ] 무슨 일인지 이해하고 나서

2 귀를 기울이게 됐어요
[ ] 대충 들었어요   [V] 열심히 들었어요

3 엿들었어요
[V] 몰래 들었어요   [ ] 잘 들었어요

🐯 어울리는 것을 찾아 줄로 이으세요.

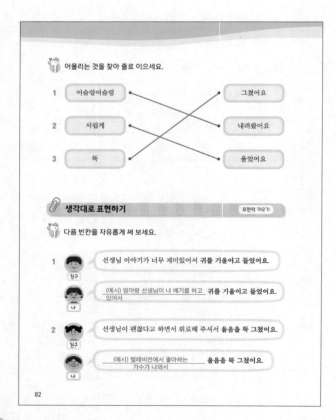

1 어슬렁어슬렁 — 내려왔어요

2 서럽게 — 그쳤어요

3 뚝 — 울었어요

생각대로 표현하기

표현력 키우기

🐯 다음 빈칸을 자유롭게 써 보세요.

1
친구: 선생님 이야기가 너무 재미있어서 귀를 기울이고 들었어요.
나: (예시) 엄마랑 선생님이 내 얘기를 하고 있어서 귀를 기울이고 들었어요.

2
친구: 선생님이 괜찮다고 하면서 위로해 주셔서 울음을 뚝 그쳤어요.
나: (예시) 텔레비전에서 좋아하는 가수가 나와서 울음을 뚝 그쳤어요.

호랑이와 곶감 | 두 번째 이야기

생각하며 준비하기

사고력 키우기

🐯 지난 이야기의 마지막 장면입니다.
호랑이가 무슨 생각을 했는지 기억해 보고 자유롭게 써 보세요.

(예시) 곶감은 정말 무서운 놈이구나.

🐯 호랑이 등에 탄 남자는 누구일까요? 호랑이는 왜 힘껏 달리고 있을까요?

(예시) 울보 아이의 아빠가 호랑이를 혼내주려고 해서 호랑이가 도망치는 것
같아요.

이야기를 읽고 맞으면 O, 틀리면 X 하세요.

1 호랑이는 곶감을 자기보다 더 무서운 것이라고 생각했어요. 〔O〕

2 호랑이는 곶감이 빨리 먹고 싶어서 쏜살같이 달렸어요. 〔X〕

3 소도둑은 자신이 호랑이 등에 탔던 것을 알고 바들바들 떨었어요. 〔O〕

추측한 어휘 확인하기 어휘력 키우기

다음 단어의 뜻과 비슷한 것에 체크하세요.

1 짐작했어요
  □ 미리 생각하고 준비했어요   ☑ 아마 그럴 거라고 생각했어요

2 꼼짝할 수 없었어요.
  ☑ 움직일 수 없었어요   □ 깜짝 놀랐어요

3 쏜살같이
  □ 아주 천천히   ☑ 아주 빠르게

어울리는 것을 찾아 줄로 이으세요.

1 후다닥 ——————— 엎드렸어요
2 납작 ——————— 질렸어요
3 겁에 ——————— 달아났어요

(1-달아났어요, 2-엎드렸어요, 3-질렸어요)

생각대로 표현하기 표현력 키우기

다음 빈칸에 들어갈 말을 자유롭게 써 보세요.

1 무서워서 꼼짝할 수 없었던 적이 있었어요? 언제 그랬어요?

  · 무서운 꿈을 꾸고 나서 꼼짝할 수 없었던 적이 있었어요.
  · (예시) 집에 혼자 있을 때 도깨비가 나올까 봐 꼼짝할 수 없던 적이 있었어요.

2 쏜살같이 달려 본 적이 있었어요? 언제 그랬어요?

  · 늦잠을 잔 날에 학교에 늦을까 봐 쏜살같이 달려 본 적이 있었어요.
  · (예시) 아빠가 집에 맛있는 치킨을 사 놓으셨다고 해서 쏜살같이 달려 본 적이 있었어요.

어휘 연습하기

방귀 시합 | 첫 번째 이야기

다음 그림을 보고 빈칸에 들어갈 말을 쓰세요.

| 식은 죽 먹기예요 | 티격태격했어요 | 말렸어요 |

1 아침에 일찍 일어나는 건 식 은 죽 먹 기 예 요 .

2 친구 둘이 싸워서 제가 말 렸 어 요 .

3 서로 예쁜 곰인형을 가지겠다고 티 격 태 격 했 어 요 .

방귀 시합 | 두 번째 이야기

다음 그림을 보고 빈칸에 들어갈 말을 쓰세요.

| 환호성 | 너 나 할 것 없이 | 고개를 갸웃거렸어요 |

1 언니의 아름다운 피아노 연주가 끝나자 사람들은 환 호 성 을 질렀어요.

2 선생님이 맛있는 과자를 나누어 주셔서 반 아이들은 너 나 할 것 없 이 좋아했어요.

3 문제를 풀다가 모르는 단어가 나와서 고 개 를 갸 웃 거 렸 어 요 .

호랑이와 곶감 | 첫 번째 이야기

다음 그림을 보고 빈칸에 들어갈 말을 쓰세요.

| 귀를 기울였어요 | 서럽게 | 어리둥절했어요 |

1 오빠에게 장난감을 뺏겨서 동생이 서 럽 게 울었어요.

2 친구가 흥미진진한 이야기를 해서 귀 를 기 울 였 어 요 .

3 친구가 갑자기 화를 내고 가버려서 어 리 둥 절 했 어 요 .

호랑이와 곶감 | 두 번째 이야기

다음 그림을 보고 빈칸에 들어갈 말을 쓰세요.

| 짐작했어요 | 겁에 질렸어요 | 쏜살같이 |

1 치과에서 이를 치료할 때 나는 소리를 듣고 겁 에 질 렸 어 요 .

2 친구가 울어서 뭔가 속상한 일이 있을 거라고 짐 작 했 어 요 .

3 학교에 늦어서 쏜 살 같 이 뛰어갔어요.

교과서 수록 전래동화

회차	제목	과목	학년
1주차 1·2일	토끼전	국어 나	2-1
		국어(읽기)	3-1
		국어 나	3-2
		국어활동 나	3-2
		국어(읽기)	5-1
1주차 3·4일	혹부리 영감	국어(듣기, 말하기, 쓰기)	4-1
		국어활동	4-1
2주차 1·2일	도깨비 방망이	국어 나	3-2
2주차 3·4일	송아지와 바꾼 무	국어 나	1-2
3주차 1·2일	소금을 만드는 맷돌	국어활동 나	1-2
3주차 3·4일	빨간 부채 파란 부채	<통합> 여름	1-1
4주차 1·2일	방귀 시합	<통합> 우리나라	1-2
4주차 3·4일	호랑이와 곶감	국어 나	1-2